LE COMTE
DE
VERMANDOIS

HISTOIRE DU TEMPS DE LOUIS XIV

— 1683 —

PAR

PAUL LACROIX

(BIBLIOPHILE JACOB)

4

PARIS

ALEXANDRE CADOT, ÉDITEUR

37, rue Serpente.

—

1856

LE COMTE DE VERMANDOIS

LE COMTE

DE

VERMANDOIS

HISTOIRE DU TEMPS DE LOUIS XIV

— 1683 —

PAR

PAUL LACROIX

(BIBLIOPHILE JACOB)

4

PARIS

ALEXANDRE CADOT, ÉDITEUR

37, rue Serpente

—

1856

II

Les protestants du Dauphiné.

Le comte de Vermandois, demeuré seul, se recueillit un moment avant d'ouvrir la lettre qu'il tenait sous ses yeux :

Il regardait avec une tendre et douce

émotion le cachet de cire noire, aux armes
de la duchesse de La Vallière.

Il évita de briser ce cachet, en déchirant
avec précaution le papier à l'entour.

Deux larmes humectèrent ses paupières,
quand il vit les caractères tracés par la
main de sa mère.

Cette lettre, d'une grande et belle écriture qui rappelait celle de Louis XIV,
commençait ainsi :

« Mon fils, en prenant la plume pour
vous écrire, je prie Dieu que ce ne soit

pas la dernière fois... Je vous laisse deviner quels tristes présages ont frappé mon esprit, quand le roi m'a fait savoir qu'il vous pardonnait et que vous alliez partir pour l'armée !... »

Le prince interrompit sa lecture.

Son cœur s'était gonflé de joie, et son regard avait brillé d'une ardeur belliqueuse : enfin il pourrait donc montrer ce qu'il était capable de faire sur un champ de bataille !

Mais tout à coup il vint à penser à Louise de Chantemerle, et il se sentit comme découragé.

Un soupir souleva sa poitrine oppressée, et ses yeux se mouillèrent.

— Ah ! si je n'étais pas né fils de France,
murmura-t-il, je pourrais être heureux !

Après quelques instants de réflexion
muette, il reprit la lettre de sa mère et
continua de la lire à voix basse.

« Je devrais être pleine de reconnaissance pour Sa Majesté qui a daigné me tenir parole, en oubliant vos erreurs jusqu'à
vous rappeler en grâce. Mais, cependant,
j'ai l'âme accablée de tristesse, et je me
prends à regretter que le roi vous ait par-

donné, puisqu'il vous envoie à la guerre !
Je me reproche même amèrement d'avoir
réclamé ce pardon, et d'être ainsi cause
des dangers que vous pourrez courir dans
les hasards des armes.

» Certes, si je l'eusse osé, j'aurais sup-
plié le roi de permettre que vous restas-
siez encore auprès de lui...

» Hélas ! mon cher enfant, je crains
pour vous mille embûches de la part de
vos ennemis.

» Après avoir attaqué votre honnenr,
on voudra peut-être s'en prendre à votre
vie !... Ceux qui furent capables de vous

déshonorer aux yeux de votre auguste père n'hésiteront pas certainement à vous précipiter dans un abîme, si votre perte devait servir leurs projets.

» Je vous adjure, mon cher fils, de veiller soigneusement sur vous-même, comme si votre tête était un dépôt précieux que je vous eusse confié. Ne vous exposez pas témérairement à des périls inutiles et ne cherchez pas la mort, qui n'ordonne jamais qu'on coure au-devant d'elle. C'est tenter la Providence que de vouloir mourir avant l'heure.

» Songez que je donnerais cent fois ma vie pour prolonger la vôtre, et dites-vous

que ce serait me tuer, que de faire qu'il
vous arrivât malheur, par faute de prudence et de modération.

» Néanmoins, rappelez-vous quel est le
sang qui coule dans vos veines et mon-
trez-vous digne de votre illustre naissance, en offrant à tous un bel exemple de
courage et de fermeté. C'est par là que
vous vous élèverez dans l'esprit du roi ;
c'est ainsi que vous effacerez les torts
qu'on vous impute et dont j'ai essayé de
vous défendre.

» Imaginez-vous que je vous regarde à
toute heure, et, assurément, vous ne vous
hasarderez pas à mal agir sous les yeux de
votre mère.

» Fuyez les mauvaises compagnies : fermez l'oreille aux conseils des méchants ; mettez un frein à vos passions, et soyez en garde contre les enchaînements de vos sens.

» Conduisez-vous, en toute chose, de manière à conserver votre propre estime, et toutes les fois que vous serez malheureusement entré dans la voie du péché, dites-vous, pour avoir la force d'en sortir, que votre pauvre mère prie et fait pénitence à cause de vous... »

Des larmes, tombées sur le papier, avaient effacé quelques mots que le prince ne put déchiffrer ; mais la fin de la lettre ne ressemblait pas au commencement, ni par le style, qui arrivait à une tendresse expansive et familière, ni par l'écriture, qui devenait confuse et presque illisible.

Le prince se sentit profondément touché en continuant sa lecture.

« Mon cher fils, que Dieu te protége! que Dieu te conduise et te ramène sain et sauf! Je te mets entre ses mains, je te confie à sa sainte garde...

» Il y a vingt-quatre heures que j'ai reçu cette fatale nouvelle, et mes pleurs n'ont pas cessé de couler..... Je pleure

sur toi, mon enfant, je pleure sur moi-
même !

» Ah ! pourquoi t'ai-je abandonné, sans
défense et sans appui, à la fureur de nos
ennemis ? Pourquoi ai-je livré la direction
de ta conduite à des influences étrangères ?
Je suis donc seule coupable de tes erreurs
et de tes imprudences, pauvre cher enfant
délaissé et négligé !

» Pardonne-moi, je t'en conjure, et
que Dieu me pardonne ! Je n'étais pas
digne d'être mère..... Peut-être aussi que
la maternité dans le crime est comme un
fruit vert qui ne mûrit pas et qui tombe
en pourriture au pied de l'arbre fou-
droyé.

» Louis, mon enfant bien-aimé, c'est à toi d'expier ma faute et de purifier ta naissance!

» Tu t'efforceras de mériter l'estime de tous, et principalement celle du roi! Je serai heureuse, si le roi se trouve content et fier de son fils!

» Va, mon enfant, fais ton devoir comme il faut, dans l'intérêt de ta gloire ; mais souviens-toi, pourtant, que ta mère existe et que tu es le seul lien qui l'attache encore aux choses terrestres. Conserve-moi mon fils, et reçois, sous la sauve-garde des saints anges du paradis, ma dernière bénédiction. »

Cette lettre était signée « duchesse de
La Vallière, » et non « sœur de la Miséricorde, » car la mère du comte de Vermandois avait compris qu'en écrivant à
son fils, à cet enfant illégitime et adulté-
rin, elle oubliait un moment ses vœux et
sa profession de Carmélite.

Elle avait ajouté en *post-scriptum* :

« Obéissez à M. l'abbé Cornouaille
comme à moi-même : je lui ai transmis
mes pleins pouvoirs et mon autorité de
mère. C'est un guide sûr et dévoué.

» Je veux que vous paraissiez à l'armée

avec un état de prince du sang royal. J'ai donné des ordres pour que l'argent ne vous manque pas, et je vous fais tenir d'abord, à l'insu du roi, une somme de vingt mille louis pour compléter vos équipages. »

Le comte de Vermandois était encore absorbé par tous les sentiments que la lecture de cette lettre venait d'éveiller en lui, lorsque son valet de chambre entra, chargé d'une cassette d'ébène à incrustations de métal, avec les armes de France.

— Monseigneur, dit Moufle en lui présentant la cassette, dont la clé de cuivre

ciselé pendait à un lacet de soie noire,
voici ce qu'un messager venant de Paris
apporte à Votre Altesse.

Le prince, sans répondre, fit déposer
cette cassette sur une table, devant lui, et
il s'empressa de l'ouvrir lui-même, quoiqu'il crût savoir ce qu'elle contenait.

C'était en effet les vingt mille louis que
madame de La Vallière lui envoyait pour
ses équipages.

La somme se trouvait partagée en vingt
sacs de soie, renfermant chacun mille
louis d'or, au fond de la boîte ; par-dessus,

un papier plié et cacheté, qui semblait l'enveloppe d'un objet de prix, portait ces mots écrits de la main de madame de La Vallière :

« Ceci est un talisman béni qui doit préserver de tout accident la personne dans les mains de laquelle il demeurera. Sainte Vierge Marie, mère de Dieu, priez pour nous ! »

Le prince brisa le cachet, après avoir approché de ses lèvres le papier où la main de sa mère avait tracé ces lignes, il découvrit une espèce de scapulaire en velours pourpre, avec le monogramme de Jésus-Christ et de la Vierge Marie, brodé en filigrane et en paillettes d'or.

Ce scapulaire couvrait sans doute des reliques ; mais, sans chercher à en connaître le contenu, le comte de Vermandois, qui n'avait jamais donné des signes de dévotion particulière, le mit à son cou et le cacha sous sa chemise.

Le comte de Vermandois n'éprouvait aucun embarras à porter sur lui un reliquaire, car il se sentait, par instnict et par éducation, prédisposé à ces entraînements de dévotion superstitieuse qui viennent du cœur.

Moufle, toutefois, ne vit pas sans étonnement cette marque de pieuse déférence aux désirs d'une mère.

—Je ne t'ai pas encore, mon ami, lui
dit le prince, qui examinait le contenu de
la cassette, manifesté combien je me loue
de tes bons offices!... C'est trop longtemps te payer de promesses et de paroles...

— Monseigneur, interrompit le valet
de chambre, Votre Altesse, en m'accor-
dant sa confiance, a fait plus que je ne
devais espérer, et je me sens payé par là
outre mesure...

—Tiens, mon brave Moufle ! reprit le
prince en lui présentant un sac de mille
louis, dans le cas où je viendrais à mourir
intestat, je veux t'offrir ceci en avance-
ment d'hoirie...

— Vous m'estimez donc bien peu, monseigneur? dit le fidèle serviteur, dont les
larmes étouffaient la voix ; vous m'estimez donc bien peu, que vous me traitez
comme un mercenaire?

— Loin de moi cette idée !... Je sais
qu'il est des services rendus qu'on n'ac-
quitte point avec de l'or, et j'apprécie à sa
juste valeur ton dévoûment si noble et
si désintéressé. Mais, mon cher Moufle, je
dois partir pour l'armée...

— Vous, monseigneur, partir! Vous,
aller à la guerre !

— Oui, Moufle, le roi daigne m'octroyer

cette faveur, que je réclamais en vain depuis deux ans.

— Mais, monseigneur, il n'y a de guerre
nulle part, et si l'on vous envoie à l'armée, qui est aux frontières et dans les
places fortes du royaume, c'est une disgrâce, c'esl un exil !

— Ne suis-je pas déjà exilé depuis dix
mois? Mieux vaut que j'aille tenir mon
rang de fils de France à la tête des armées
du roi, que de végéter obscurément pri-
sonnier à Compiègne ou à Fontainebleau.
On annonce, d'ailleurs, que la guerre est
au moment d'éclater en Flandre, et je me
réjouis de m'essayer enfin au métier des
armes...

— Je m'en réjouirais de même, monseigneur, si...

— Achève ! dis le fond de ta pensée.

— Croyez-vous, monseigneur, que
M. le Dauphin voie de bon œil que vous
pourriez illustrer votre nom par les
armes ?

— Qu'importe au Dauphin ? Ne lui suf-
fit-il pas qu'on le laisse bien boire et
bien manger, bien chasser et bien dormir ?

— Non, monseigneur, le Dauphin ne

sàurait s'accommoder de votre gloire militaire, et si l'on vous fait aller à l'armée, c'est afin qu'il vous y arrive malheur !

— Je courrais moins de risques, en effet, si je me faisais moine ! dit en riant le prince, qui rejetait bien loin les soupçons exprimés par son valet de chambre. Je suis très aise, vraiment, de commencer mon apprentissage d'homme de guerre. N'est-il pas étrange qu'à mon âge, fils de France et ayant le titre d'amiral depuis le berceau, je n'aie pas encore respiré l'odeur de la poudre, ni assisté à un combat de terre ou de mer ? Il me faut ainsi réparer le temps perdu et montrer à chacun que je n'étais point indigne de succéder, comme amiral de France, à mon oncle, M. le duc de Beaufort.

— Votre Altesse, dit timidement Moufle, a-t-elle pris un parti à l'égard de mademoiselle de Chantemerle?

— Oh! je ferai ce qu'il est convenable de faire?... répondit le prince avec embarras. Accepte donc ce souvenir d'amitié, reprit-il timidement en lui présentant de nouveau le sac de mille louis.

— Monseigneur, vous voulez me faire honte à moi-même!

— Je l'exige; aussi bien, si j'étais tué

demain, Moufle, le Dauphin ne se charge-
rait pas de payer ta pension. Pas un mot
sur mon prochain !

Le comte de Vermandois tira de la cassette une seconde bourse et la mit dans
une des grandes poches de son pourpoint.

Puis, ayant refermé la cassette, qui ne
contenait plus que dix-huit mille louis, il la
déposa dans une armoire où il serrait son
argent, ses joyaux et ses papiers les plus
précieux.

Ce fut là qu'il réunit la lettre de sa

mère, la seule qu'il possédât d'elle, à quelques lettres que Louise de Chante-merle lui avait écrites et non envoyées, pendant qu'il était malade et qu'il ne paraissait pas à la Madeleine.

Le comte de Vermandois se fit conduire par Moufle à l'appartement de l'abbé Cornouaille, et quand il fut à la porte, avant de heurter, il ordonna tout bas à son valet de chambre de se retirer.

Le logement qu'on avait donné au nouveau directeur de conscience du prince était situé dans la partie la plus isolée du château, dans les vieux bâtiments de cette cour du Donjon, où le Dauphin reéguait la Raisin, sa maîtresse, quand il séjournait en même temps qu'elle à Fontainebleau.

L'appartement de Fanchon se trouvait, par hasard, au-dessus de celui que l'abbé Cornouaille occupait depuis qu'il avait été attaché à la maison du comte de Vermandois, car l'abbé Gofas, son prédécesseur, malade et infirme, était resté dans le logement qu'on lui avait attribué en raison de sa charge auprès du fils de Louis XIV et de madame de La Vallière.

Celui-ci heurta en maître à la porte, et le valet de l'abbé accourut ouvrir.

Ce valet était une sorte de sacristain aux

chéveux plats, au regard hébété à la bouche béante.

Il faillit tomber à la renverse, de stupeur et de confusion, en voyant paraître
le prince, quoiqu'il eût été averti de la
venue de Son Altesse. Il tremblait de tout
son corps et ne pouvait articuler une seule
parole, lorsque le comte de Chantémerle,
devançant l'abbé Cornouaille, qui s'em-
pressait d'aller à la rencontre de l'auguste
visiteur, se présenta le premier vis-à-vis
de celui-ci.

— Monseigneur, lui dit-il d'un ton respectueux et ferme à la fois, j'ai appris
avec autant d'étonnement que de recon-

naissance le bienveillant intérêt que Votre Altesse daignait me témoigner, que je sache à quelle circonstance j'en suis redevable...

— Vous êtes monsieur le comte de Chantemerle? lui demanda le prince d'une voix émue, en baissant les yeux et en rougissant.

— Oui, monseigneur, répondit-il avec calme et dignité; je suis un proscrit, condamné à mort par coutumace et dont la tête est mise à prix en Dauphiné...

— Vous vous trouvez ici sous ma

sauve-garde, monsieur, et j'aime à penser que vous n'avez rien à craindre.

— Je vous remercie, monseigneur, dit l'abbé Cornouaille, de vouloir bien étendrë sur mes hôtes votre généreuse protection.

Une voix chevrotante et monotone, qui partait de la chambre voisine, entonna solennellement un cantique protestant sur un de ces vieux airs que Calvin avait composés lui-même pour son église.

Ce cantique était une œuvre de foi plutôt que de poésie, et l'on devait pardon-

ner à la naïveté grossière des vers en faveur du sentiment religieux qui les avait
inspirés.

Le prince prêta l'oreille à cette étrange
psalmodie, par laquelle on saluait sa présence.

> Jésus, lui-même, m'invite
> A me retirer vers lui...
> Pour trouver un ferme appui ;
> Mon Ame ! approchons-nous vite
> De celui qui nous promet
> Le bonheur le plus parfait !...

— C'est mon frère, monseigneur ! dit
l'abbé Cornouaille en introduisant le
prince dans la chambre où le vieux pas-

teur de la religion réformée célébrait sa bienvenue par un chant calviniste.

Le chanteur était un petit homme, de l'aspect le plus lugubre et le plus fantastique.

Sa figure décharnée, dont la peau jaunie adhérait aux os, ressemblait à une tête de mort : les yeux, au regard fixé, brillaient comme ceux d'un hibou, au fond de leurs orbites caves ; la bouche dégarnie de dents et sans lèvres, remuait machinalement, avec un murmure inintelligible, par l'habitude qu'il avait de marmotter sans cesse des psaumes et des versets de la Bible.

Quelques mèches de cheveux gris flottaient en auréole autour des tempes dé-
primées, et le crâne pyramidal, qui pré-
sentait à l'œil sa surface nue et luisante,
semblait entraîné par son poids vers la
terre.

Jérémie Cornouaille était vêtu d'une
souquenille de ratine noire, boutonnée
par devant, avec un petit collet de même
étoffe, sur lequel pendait un rabat de linge,
sale et chiffonné. Ses grandes mains de
squelette, sortant des larges manches de
sa robe, ne quittaient jamais un gros livre
des Évangiles relié en chagrin noir avec
coins et fermoir de cuivre.

Le comte de Chantemerle, malgré la

sévérité glaciale de sa physionomie et de son maintien, avait un air de noblesse qui révélait sa naissance et sa condition.

C'était un grand et beau vieillard, à la démarche fière et grave, au geste lent et majestueux, à la parole haute et retentissante.

Il ne portait pas la vaste perruque à boucles flottantes que les gens de qualité avaient prise, à l'exemple des courtisans, dans toutes les provinces où se faisait sentir l'influence de la cour de Versailles.

Ses cheveux blancs, partagés sur son

front et lissés sur sa tête, tombaient de chaque côté en flocons d'argent, et donnaient un caractère solennel à ses traits réguliers et imposants, que n'adoucissait pas une épaisse moustache encore noire, raidie à la cire et tordue en croc. Il y avait en lui à la fois du soldat et du prêtre.

On reconnaissait, à des indices certains, qu'il s'était voué de bonne heure à la pratique des choses religieuses et qu'il avait dans sa jeunesse suivi la carrière des armes.

Il se serait en effet consacré exclusivement à la prédication de l'Évangile, si le nom de ses ancêtres ne lui avait com-

mandé d'accepter du service dans les armées du roi.

Il ne s'était pas élevé néanmoins au-
dessus du grade de mestre-de-camp, quoiqu'il eût fait avec distinction plusieurs
campagnes sous les ordres du maréchal
de Turenne, son coreligionnaire ; mais,
ayant refusé dédaigneusement d'abjurer
la religion réformée, que le maréchal lui
conseillait de quitter en même temps que
lui, il avait dû renoncer à la profession
militaire et rentrer obscurément dans le
château de Chantemerle pour y recevoir,
avec le dernier soupir de son père, les dernières instructions de ce vénérable chef
de sa famille.

Ce fut par obéissance aux ordres pater-
nels qu'il contracta une alliance destinée
à perpétuer sa race et son nom, malgré sa
répugnance pour l'état de mariage, qui le
détournait de sa vocation évangélique.

Il était d'ailleurs, à cette époque, âgé de
plus de cinquante ans, et l'union qu'il for-
ma ainsi à contre-cœur ne lui donna qu'une
fille, dont il eut l'imprudence de se séparer après la mort de sa femme, quand il
chargea une de ses parentes, madame de
la Tour du Pin, d'achever l'éducation de
cette jeune personne.

Depuis quatre ans que Louise était éloi-
gnée de lui, il avait vécu seul dans son

château, absorbé par ses préoccupations ascétiques et adonné à l'étude abstraite des dogmes de l'église protestante.

On comprend ainsi le rôle considérable qu'il avait dû jouer dans la rébellion des protestants du Dauphiné.

Son costume simple et austère correspondait à l'air de son visage et à l'habitude de sa contenance : il n'avait aucun rapport avec les modes du jour, et il eût semblé tout à fait étrange, s'il s'était montré dans les rues de Paris, moitié militaire et moitié ecclésiastique, tenant de l'uniforme des reîtres et de l'habit des ministres de la religion réformée.

Le long pourpoint de drap brun, agrafé
par-devant et serré autour des reins par
une ceinture de cuir, le haut-de-chausses
non bouffant et à peine large, en grosse
étamine rouge, attaché sous la jarretière
à des bas de même couleur; les bottes
molles en daim, à retroussis; le col de
chemise empesé et rabattu, les manchettes
plates relevées sur l'avant-bras, compo-
saient à peu près l'équipage d'un homme
de guerre à la fin du règne de Louis XIII.

Par-dessus ce costume, que ne rehaus-
saient ni broderies, ni galons, ni rubans,
M. de Chantemerle avait endossé une espèce de cape à collet ample et à grandes
manches, en laine noire, qui tombait de ses

épaules jusqu'aux genoux, et dont il pouvait au besoin s'envelopper comme d'un manteau, en la boutonnant du haut en bas, de sorte qu'il ressemblait alors à un pasteur protestant prêt à monter en chaire.

Le comte de Vermandois s'était senti glacé et mal à l'aise en présence du comte de Chantemerle, car il avait compris, du premier coup d'œil, que ce religionnaire inflexible et sauvage ne se soumettrait à aucune des concessions morales que les circonstances pourraient exiger.

Il n'éprouvait pas au reste la moindre sympathie pour cette nature froide et ri-

gide, qui n'était pas faite pour ressentir
ou pour comprendre les sentiments les
plus délicats de l'âme humaine. Mais il se
dit tout bas, pour réprimer cette impres-
sion défavorable et presque hostile, que le
comte était le père de Louise.

— Je voudrais, monsieur, lui dit-il po-
liment, savoir au juste ce qui en est de
votre affaire, pour mieux apprécier le service que je suis capable de vous rendre.

— Monseigneur, suis-je de trop ici ? demanda l'abbé Cornouaille. Ne désirez-
vous pas parler sans témoin à M. le comte
de Chantemerle ?

— Je n'ai rien à lui dire que vous ne

puissiez entendre aussi ! répliqua le prince,
que cette proposition embarrassa visiblement, et qui s'empressa de la repousser
en affectant de paraître calme et indifférent.

— Que le Seigneur soit avec vous ! dit
le vieux Jérémie, qui donnait mentale-
ment sa bénédiction au prince.

— Acceptez un siége, monseigneur, reprit l'abbé Cornouaille en approchant un
fauteuil, et permettez-nous de tenir con-
seil devant vous, comme si vous étiez le
propre fils du comte de Chantemerle.

— Plût à Dieu que je le fusse, monsieur,

fit le prince, croyant que ces paroles avaient
été dites avec intention.

— Ce serait à votre avantage, monseigneur, rétorqua l'incorrigible calviniste,
car vous auriez été mis au monde dans la
sainte Église de Jésus-Christ.

— Ah ! monsieur, laissons chacun comme
il est ! dit vivement le comte de Vermandois, offensé de cette réflexion qui renfermait une attaque contre ses croyances catholiques.

— Monsieur le comte, ajouta l'abbé
Cornouaille avec tristesse, il a été pour-

tant convenu entre nous que l'on s'abstiendrait absolument de toute controverse religieuse?

— Mon frère, dit le pasteur Jérémie, il est écrit que Dieu pardonne aux hommes de bonne volonté...

— Je vous ai demandé, interrompit le prince, qui voulut couper court à cette digression épineuse, je vous ai demandé, monsieur, quels étaient vos torts envers le roi?

— Mes torts, monseigneur, répondit obstinément le comte de Chantemerle sont ceux d'un chrétien qui a fait son devoir envers Dieu, et qui a défendu son Église. Il y avait eu, je crois, quelque rixe entre les catholiques et les protestants du Dauphiné. Les premiers se plaignirent au roi, qui ordonna que l'on fermerait les temples à Saou, à Bordeaux, à Saillans et dans vingt autres endroits. Nos frères, à qui l'on interdisait ainsi l'exercice de leur culte, allèrent au prêche, et bien déterminés à mourir pour leur foi, s'il le fallait. Quand M. de Saint-Rhu fut envoyé avec ses dragons...

— Je sais tous ces détails, dit le prince effrayé des proportions que ce récit semblait devoir prendre : un combat de nuit s'est livré dans les bois de Saou ; les malheureux rebelles ont été taillés en pièces.

— Ils ont fait la plus héroïque défense, monseigneur, et si la bataille avait eu lieu en plein jour...

— Vous y étiez, monsieur, et vous avez eu le malheur de tirer l'épée contre un maréchal-de-camp des armées du roi !

— J'y étais également, monseigneur ! s'écria Jérémie. Mais je vous assure que M. le comte de Chantemerle a fait tout ce qu'il était possible de faire pour empêcher nos frères d'en venir aux mains avec les troupes de Sa Majesté.

— Cependant M. de Chantemerle avait
déserté son château pour se mettre à la
tête des révoltés? Il les a entraînés dans
les montagnes; il les a conduits plusieurs
fois à la rencontre des dragons de M. de
Saint-Rhu ?

— Non, monseigneur, reprit le vieux
comte avec amertume. J'aurais dû faire
sans doute ce que vous dites, et, comme
gentilhomme protestant, prêter un peu
d'aide aux pauvres gens qu'on persécu-
tait si cruellement ; mais je n'ai nullement
pris part à la résistance armée des paysans,
qui me suppliaient de les mener à l'ennemi de notre sainte religion ; je ne me
suis trouvé au combat de Saou, que pour

essayer de faire tomber les armes des mains des combattants...

— Et comment ne vous a-t-on pas rendu justice, monsieur? Comment s'est-il pu faire qu'on vous ait condamné?

— Je n'étais déjà plus en Dauphiné quand le sieur Lebret, conseiller et commissaire du roi, y est arrivé pour informer au sujet des troubles...

— Vous étiez à Paris, dit brusquement le comte de Vermandois, et vous avisiez à enlever votre fille du couvent de l'Ave-Maria.

— Dieu m'a puni d'avoir été père plutôt que chrétien ! répondit en soupirant le comte de Chantemerle. Oui, je devais alors rester en Dauphiné et soutenir les droits de mes frères, qu'on privait de leurs temples, en interdisant leurs assemblées et en mettant obstacle à l'exercice de leur sainte religion. Voilà mon véritable tort, monseigneur, et c'est le seul dont je demande pardon à Dieu !

— Il résulte de tout ceci, répliqua le comte de Vermandois, que vous avez été condamné pour des faits qui n'existaient pas, et que vous ne fûtes point complice de la rébellion du Dauphiné?... Il est nécessaire, voyez-vous, que je sois instruit dé la vérité, pour être en état de parler pour vous au roi.

— La vérité est que je n'ai nullement participé aux actes de la rébellion; mais cependant il faut dire que cette rébellion me semblait juste ou du moins excusable. Le lendemain même de l'affaire de Saou, je reçus une lettre qui m'apprenait la violence inouïe dont ma fille avait été victime, son emprisonnement au couvent de l'Ave-Maria, les efforts détestables qu'on avait tentés pour lui faire changer de croyance, la honteuse trahison de madame de la Tour-du-Pin à l'égard de sa nièce, le complot de madame la marquise de Maintenon contre une enfant, l'abus de pouvoir de Sa Majesté...

— Aussitôt cette lettre reçue, interrompit froidement le prince, vous êtes parti
pour Paris?...

— Avec mon vieil ami Jérémie Cornouaille, qui n'a pas voulu me laisser seul
avec mon désespoir et ma colère. Je ne me
rendais à Paris que pour sauver ma fille :
elle était enfermée comme une criminelle,
et il fallut employer mille expédients,
avant de parvenir à communiquer avec
Louise. J'y réussis pourtant avec l'aide de
Dieu, et je dressai un plan d'enlèvement,
qui aurait été couronné de succès, si
quelque circonstance imprévue ne se fût
jetée à la traverse...

—Pourquoi ne vous êtes-vous pas trouvé

là, quand mademoiselle de Chantemerle
est sortie de l'Ave-Maria par la petite porte
du jardin ?

— Monseigneur, d'où savez-vous?...
s'écria le vieillard, en le regardant fixement avec une sombre défiance.

— Je sais que votre fille s'est évadée du
couvent cette nuit-là, répondit le prince
en s'imposant une réserve bien difficile à
garder. Je le sais, parce que tout le monde
l'a su dans Paris et à Versailles.

— Sans doute, elle s'est évadée !... Mais
où est-elle allée en quittant l'Ave-Maria ?
Qu'est-elle devenue depuis?... Conçoit-on

que je n'aie jusqu'à ce moment obtenu la moindre nouvelle de ma fille?

— On peut imaginer qu'elle se sera cachée de son côté, comme vous vous cachez du vôtre...

— Je me cache maintenant, et j'en ai honte; mais, pendant un mois et plus, je n'ai pas fait autre chose que de chercher à découvrir la retraite de la fugitive. Mes amis, mes frères en Jésus-Christ s'y sont tous employés à l'envi; les ministres du grand temple de Charenton n'ont cessé de s'épuiser en démarches...

— Vous ne me dites pas par quelle cir-

constance extraordinaire vous n'avez pu
être présent à la sortie de votre fille hors
de l'Ave-Maria ?

— C'est ma faute, hélas! murmura Jérémie Cornouaille, en gémissant ; *meâ
culpâ, meâ culpâ !*

— J'avais envoyé en avant un carrosse
qui attendait sous les murs du jardin, reprit le comte de Chantemerle ; Jérémie et
moi, nous étions aux aguets ; l'heure approchait où j'allais être maître de ma fille.
Tout à coup, il y eut aux environs une rixe
de laquais ; car, je l'ai su depuis, des li-
bertins de qualité et même de grands seigneurs de la cour, faisaient une orgie

dans un cabaret de cette même rue... Aux cris des blessés, Jérémie s'en va follement se jeter parmi ces mauvais sujets, en leur prêchant la concorde et l'oubli des injures ; je ne pouvais faire autrement que de suivre Jérémie...

— Ces gens-là blasphémaient le saint nom du Seigneur, reprit le pasteur protestant ; mon devoir était de courir à eux, en les adjurant de ne pas commettre un si grand péché !

— Toujours est-il que nous nous trouvâmes, Jérémie et moi, au milieu des coups, et que nous fûmes frappés, l'un et l'autre, dans le tumulte ; le guet arrivant,

les laquais s'enfuirent, laissant à terre
quelques-uns des leurs, avec lesquels on
nous arrêta...

— Quoi! vous étiez dans les mains du
guet! s'écria le prince, touché de cette
circonstance qu'il ignorait. Et qui donc
vous délivra?

— La grâce de Dieu. On nous menait
au For-l'Évêque ou au Châtelet, avec les
autres prisonniers, quand les laquais re-
vinrent attaquer les soldats du guet, qui
lâchèrent pied...

— Et vous vous êtes retrouvés en li-

berté dans des rues que vous ne connaissiez pas?

— Nous errâmes une partie de la nuit
pour regagner cette rue de Jouy, je crois,
où est le couvent de l'Ave-Maria, et,
quand nous y arrivâmes enfin, brisés de
fatigue et d'inquiétude, aux premières
lueurs du jour, le guet y était encore, qui
opérait une visite et une enquête dans
une Académie de jeu...

— Oui, le lieutenant de police avait fait
faire une descente de justice dans la Cave
des Templiers.

— J'ignore ce que c'était, monseigneur;
mais il y avait là beaucoup de seigneurs,

à moitié ivres, qui sortaient d'un cabaret,
les uns chantant, les autres criant et blas-
phémant; les rues voisines étaient pleines
de carrosses, de valetaille et de curieux.
Je tremblais que ma fille ne fût tombée
dans ce coupe-gorge, et je m'informai
avec précaution de ce qui était advenu. Le
bruit courait déjà qu'une religieuse de
l'Ave-Maria avait été enlevée pendant la
nuit...

— Dites plutôt qu'elle avait été sauvée
et menée en lieu de sûreté !

— Ne serait-elle pas renfermée à la Bastille ou dans quelque autre prison d'État?
s'écria le comte de Chantemerle, que les

questions et les objections du prince avaient remis en défiance.

— On n'en agit pas différemment à l'égard de nos pauvres coreligionnaires! dit tristement Jérémie Cornouaille. N'est-ce pas là une abominable persécution, mon frère? ajouta-t-il en se tournant vers l'abbé, qui prêtait l'oreille à tout, et se demandait tout bas où aboutirait cet entretien.

— J'ai toujours supposé, reprit M. de Chantemerle, qu'une lettre de cachet avait été signée par le roi, pour que ma chère et malheureuse fille fût détenue secrètement jusqu'à son apostasie.

— Seigneur, mon Dieu, s'écria Jérémie

en levant les mains au ciel, épargnez-nous
cette honte et ce scandale !

— Je m'étonne seulement, dit tout à
coup le comte de Vermandois, en obser-
vant l'effet que cette question allait pro-
duire sur le père de Louise, je m'étonne
que vous soyez venu chercher votre fille à
Fontainebleau ?

— Plût à Dieu que je la cherchasse ici !
reprit le vieux comte, qui ne soupçonnait
rien. Il faudrait donc que quelque indice
m'eût mis sur sa trace...

— Il n'y a que dix jours que vous êtes
au château ?

La Providence a envoyé vers moi ces

deux infortunés, répondit l'abbé Cornouaille, la nuit même où l'on était à la recherche de Votre Altesse, qui avait disparu...

— Je ne m'explique pas, néanmoins, interrompit le prince en rougissant, comment M. de Chantemerle a quitté Paris pour venir à Fontainebleau.

Nous étions logés au grand temple de Charenton, où Jérémie fut longtemps ministre, dit le comte de Chantemerle. Mais cette retraite n'était pas sûre, car le lieutenant-général de police fait surveiller le temple et les personnes qui y habitent. On vint un jour, avec des soldats, pour nous prendre, et nous eûmes bien de la peine à

leur échapper. Un de nos frères nous conduisit dans une barque jusqu'à Melun, car
e ciel nous ordonnait de retourner en
Dauphiné... On nous poursuivit à coups
de fourche... nous nous égarâmes dans les
bois...

— Notre Seigneur Jésus-Christ n'aban-
donne jamais les siens ! s'écria le pasteur
protestant avec un pieux enthousiasme,
M. le comte s'était blessé en tombant, et
ne pouvait marcher ; nous étions, l'un et
l'autre, à demi-morts de besoin et de las-
situde, quand nous vîmes venir à nous un
sauveur, au lieu d'un ennemi ; ce sauveur,
c'était mon jeune frère !

— Hosanna ! gloire à Dieu tout puis-

sant! répéta le comte avec ferveur, sa
dextre relève ceux qui sont tombés et qui
ont foi en lui.

— C'est dans la forêt que je les ai ren-
contrés, dit l'abbé : ils seraient morts, si
je ne les avais pas secourus. Votre Altesse
a eu part à cette bonne action, puisque
son médecin ordinaire s'est trouvé là pour
soigner le blessé...

— O mon Dieu ! que ta sainte volonté
soit faite ! murmura le comte, qui s'absor-
bait dans une prière mentale.

— Je vous veux rassurer, monsieur, sur
le sort de mademoiselle de Chantemerle,
dit spontanément le prince.

— Quoi, monseigneur, vous pouvez m'apprendre quelque chose d'elle! interrompit ce père, tout tremblant de joie et d'espoir. Oh! c'est là le plus grand bienfait que j'ose implorer de Votre Altesse.

— Que je sache, avant toute chose, repartit le ministre protestant, si elle est restée fidèle à la religion de notre Seigneur Jésus-Christ!

— Où est-elle? disait le comte de Chantemerle, en pressant les mains du prince, et en les mouillant de larmes.

— Elle est...! répondit le comte de Vermandois, que l'émotion avait gagné aussi.

— Parlez, monseigneur ! Ne me laissez
pas davantage dans cette anxiété ?... Vous
ne m'avez point abusé, n'est-ce pas, par
une vaine espérance ? Il n'est rien arrivé
de fâcheux à ma fille ! elle n'est pas dans
une prison, ni dans un couvent ; elle est
libre, elle est hors de tout danger, hors de
toute servitude morale...

— Elle est protestante ? ajouta Jérémie,
en interrogeant le prince d'un regard profond et enflammé.

— N'ayez plus aucun souci pour elle,
dit le comte de Vermandois avec un accent de bonté consolante : monsieur de
Chantemerle, je vous engage ma parole

de prince du sang de France, que votre fille n'a rien à craindre...

— Mais la verrai-je? répliqua aussitôt le vieux gentilhomme. Je veux la voir, monseigneur!

— Vous la verrez, sans doute, mais il n'est pas encore temps, et vous devez comprendre les obstacles qui s'opposent à vos désirs. Attendez d'abord que le roi vous ait fait remise de la peine prononcée contre vous par le sieur Lebret, son conseiller et son commissaire...

— Hé! vraiment, monseigneur, vous savez mieux que personne, sans doute, qu'il n'y a rien à espérer de ce côté-là...

— N'avez-vous pas été condamné in—
justement et sur de fausses apparences ?

— Qu'importe ! on n'use pas de tant de
ménagements avec les huguenots ! La
preuve est dans ce qui se passe maintenant. A-t-on fait droit à ces lettres de grâce
que vous aviez obtenues pour nous de la
part de M. Colbert ?

— Qui vous a dit cela ? répliqua le comte
de Vermandois en rougissant.

— J'ai raconté ce dont j'ai été moi-même
témoin, répondit l'abbé Cornouaille avec

noblesse, et je vous ai signalé, monseigneur, à la reconnaissance de mon frère
Jérémie et du comte de Chantemerle.

— Quel malheur, s'écria le vieux ministre réformé, qu'un si généreux prince
ne soit pas de la religion !

— Il ne s'agit point ici de religion ! dit
froidement le prince, offensé et mécon-
tent de l'éloge qu'on lui donnait aux dépens de sa croyance religieuse : c'est une
affaire d'humanité seulement et de justice... Je possédais, en effet, ces lettres de
grâce, mais un hasard funeste a fait
qu'elles ont été égarées ou anéanties...

— Puis-je encore une fois vous deman-

der, monseigneur, dit le comte de Chantemerle, ce qui m'a valu l'honneur d'exciter
à ce point le charitable intérêt de Votre
Altesse Royale ?

— Je serais en peine de vous le dire,
reprit le prince en dissimulant son embarras ; je serais même en peine de me
l'expliquer à moi-même... J'avais ouï
parler des misères et des vexations qui
avaient poussé à la révolte les protestants
du Dauphiné ; j'avais surtout entendu van-
ter le grand caractère de leurs chefs...

— On ne vous a pas dit, monseigneur,
interrompit Jérémie, tout ce que nous
avons souffert d'humiliation, de tortures
et d'avanies avant d'en appeler au Dieu

des armées, pour la défense de nos temples et de nos cimetières ! Avez-vous su,
par exemple, qu'on menait paître les pour-
ceaux sur les tombes de nos frères ? N'aurez-vous pas de l'indignation contre M. de
Saint-Rhu, pour avoir fait pendre deux
malheureux qui avaient pénétré par esca-
lade dans notre temple de Saou, alors que
les portes étaient fermées en vertu des
ordres du roi ?... Je ne vous ai pas conté
toutes ces horreurs, mon frère? continua-
t-il en se tournant vers l'abbé Cornouaille,
qui l'écoutait sans vouloir lui répondre ;
j'ai passé sous silence l'atroce passe-temps
des dragons de M. de Saint-Rhu, lesquels
crevèrent les yeux à des enfants qui ne
voulaient pas révéler le lieu où leurs
parents étaient cachés...

— Est-il possible que la religion soit la cause ou le prétexte de tant de maux ! murmura le comte de Vermandois.

— Monseigneur, répliqua chaleureusement le directeur de conscience du prince, n'imputons pas à la religion, qui est de Dieu, les erreurs, les fautes et les crimes, qui sont des hommes !

Tout à coup il se fit un grand bruit de pas et de voix dans les escaliers et les corridors qui précédaient l'appartement de l'abbé Cornouaille.

Les quatre personnes qui se trouvaient en conférence dans cet appartement se

regardèrent en silence, s'interrogeant e
se consultant des yeux.

— O mon Dieu ! dit à demi-voix le prêtre catholique, qui avait saisi le bras de
Jérémie, comme pour l'entraîner avec lui;
aurait-on découvert la retraite de ces deux
malheureux !

— Mon frère, dit le pasteur protestant
au comte de Chantemerle, en cas de fuite,
ne vous embarrassez pas de moi, et avisez
à ne point vous laisser choir dans les piè-
ges de nos persécuteurs !... Souvenez-vous
que vous n'êtes pas maître de votre vie
tant que vous aurez à veiller sur le corps
et l'âme de votre fille !

— Monseigneur, dit le vieux comte en s'inclinant devant le jeune prince, je ne vous sais pas moins de gré de l'intention que vous avez eue de nous être utile... Mais, en tous cas, je recommande ma fille à vos bontés...

— Messieurs! répliqua le comte de Vermandois, en s'efforçant de paraître calme, vous êtes ici sous ma sauvegarde, et mon honneur est engagé à ce qu'on ne vous fasse aucun tort!... Monsieur le comte, dit-il en présentant la main au père de Louise, il y a entre nous un pacte d'alliance et d'amitié.

— Ah! monseigneur! dit le vieillard,

baisant la main qu'on lui offrait; vous couvrez de gloire mes cheveux blancs!

Le prince, qui avait essayé de se soustraire à cette démonstration de respect, se sentit ému d'un sentiment de regret et de honte; il se leva brusquement et se détourna pour cacher sa rougeur et son anxiété.

Plusieurs personnes s'étaient arrêtées tumultueusement dans le vestibule, en dehors de l'appartement, se parlant et se répondant entre elles.

On frappa coup sur coup à la porte principale.

Le comte de Vermandois invita ses trois interlocuteurs à ne pas faire acte de présence, et il s'avança d'un pas résolu vers la porte, où l'on frappait de plus belle.

— Monsieur l'abbé! s'écria le valet du vicaire de Saint-Eustache, accourant tout effaré comme un oiseau de nuit au grand soleil; voici qu'on va se saisir de messieurs les hérétiques!...

— Que veux-tu dire par là, méchant garçon, repartit vivement l'abbé, qui fit mine de le chasser.

— Oui, monsieur l'abbé, le roi vous

envoie, à cet effet, un maréchal de France avec trois carrosses et une compagnie de gendarmes armés en guerre...

On ne parvint pas sans peine à faire taire ce bavard naïf et incohérent.

L'abbé Cornouaille, en prévision d'un danger qu'on lui annonçait, avait songé sur-le-champ à diriger lui-même l'évasion de son frère et du comte de Chantemerle ; mais le prince, revenant près d'eux, les rassura du geste en les invitant de nouveau à ne pas bouger.

— Monseigneur est là ! criait-on à la

porte. Qu'on fasse savoir à Son Altesse que M. le maréchal d'Humières vient d'arriver au château, de la part du roi !

— Messieurs, je vous ordonne de vous retirer ! répondit le comte de Vermandois d'une voix ferme et accentuée. Je recevrai M. le maréchal d'Humières quand il sera temps !

Le prince avait reconnu les voix du sieur de Périgny et de quelques autres gentilshommes de sa maison.

Ceux-ci, qui ne s'attendaient guères à obtenir une réponse directe de Son Altesse Royale, ne hasardèrent pas la plus légère observation et s'éloignèrent à l'instant avec discrétion, un peu confus de l'accueil qu'on leur avait fait.

— Comptez sur moi, messieurs! dit le prince, qui se disposait à prendre congé des deux hôtes de l'abbé Cornouaille; je veillerai désormais pour que vous soyez à l'abri de ces troubles et de ces ennuis.

— La persécution éprouve la force de l'homme juste! s'écria d'un air inspiré Jérémie Cornouaille; mais elle est la ruine des ouvriers d'iniquité!

— Monsieur, faites-moi une grâce? dit

le comte de Vermandois, qui avait attiré à
l'écart M. de Chantemerle, de manière à
n'être pas entendu de l'abbé ni de son
frère.

— Monseigneur, je suis à vos ordres!...
Ordonnez de moi comme il vous plaira!

— Ecrivez seulement quelques mots si-
gnés de votre main, pour tranquilliser
mademoiselle de Chantemerle...

— Que j'écrive à ma fille ?... Mais qui lui
remettra...

— Moi.

— Vous, monseigneur!... Vous voyez donc ma fille? repartit le vieillard avec un étonnement qui n'allait pas cependant jusqu'à des soupçons pénibles.

—Je la verrai, répondit le prince en évitant de rencontrer les yeux du comte de Chantemerle; je la verrai tout exprès pour cela, et vous en rapporterai moi-même des nouvelles.

— Merci, oh! merci, monseigneur!... Vous êtes bien notre ange tutélaire!

III

Le maréchal d'Humières.

Tout était en rumeur dans le château de Fontainebleau, depuis l'arrivée du maréchal d'Humières, gouverneur de Lille et lieutenant-général du roi en Flandre.

Chacun savait déjà que le maréchal venait chercher le comte de Vermandois afin de l'emmener à Versailles et de là, presque sans repos, à l'armée qu'il commandait.

Le maréchal n'était point attendu au château, et l'on n'avait fait aucun préparatif pour l'y recevoir avec les honneurs dus à son rang.

Quand les courriers avaient paru aux grilles de la cour d'honneur, les carrosses du roi n'étaient plus qu'à une demi-lieue de la ville. Les tambours battirent aux champs, les trompettes sonnèrent, et la compagnie de gardes-du-corps, qui tenait garnison à Fontainebleau fit la haie depuis

l'entrée de la grande cour jusqu'au perron
où descendit le maréchal, accompagné de
ses officiers et de plusieurs gentilshommes
de la chambre du roi.

Louis XIV avait donné à dessein un air
de solennité et de magnificence à ce
voyage du maréchal, qui s'était chargé de
le représenter dans cette circonstance mé-
morable.

Ce n'était pas sans raison qu'on avait
mis à sa disposition un des grands carrosses dorés du roi, à quatre chevaux,
avec deux carrosses de suite, également
remarquables par leur décoration, leur at-
telage et leur livrée. Une compagnie de

mousquetaires galopait devant et derrière les voitures.

Le gouverneur du château, M. de Montmorin, marquis de Saint-Hérem, qui aurait dû présider à la réception du maréchal d'Humières, était alors absent; le marquis de Monchevreuil, qui l'eût remplacé à cette occasion en qualité de gouverneur du comte de Vermandois, ne se trouvait pas même alors à Fontainebleau.

Cette réception ne fut donc pas ce qu'elle devait être suivant l'étiquette de la cour, et il n'y eut que M. de Périgny qui vint à la rencontre de l'envoyé du roi, au bas du grand perron.

Encore, le sieur de Périgny n'avait-il pas eu le temps de se vêtir de son habit de cérémonie ; il était entouré des officiers de la maison du prince, et la tenue négligée ou mesquine de ces officiers témoignait assez qu'ils n'avaient pas trop de profit à servir un fils de France en disgrâce.

— Bonjour, Périgny ! dit familièrement le maréchal d'Humières au sous-gouverneur. Vous gagnez plus d'embonpoint qu'il ne faut, à mener ici une vie de fainéant ! Et Monchevreuil, est-il engraissé comme vous ?

— Monsieur le maréchal, répondit respectueusement le sieur de Périgny, nous comptons sur vous pour nous faire maigrir à force de pousser l'épée dans les reins aux Espagnols.

— Bien! bien! cela ne tardera guère; mais je m'inquiète de Monchevreuil. A-t-il toujours la goutte?

— Il sera tout désespéré de manquer de vous voir, monsieur le maréchal; il s'en est allé pour vingt-quatre heures à Orléans où il fait bâtir une maison de plaisance de concert avec madame la marquise de Monchevreuil...

— Ouais! madame la marquise est-elle

raccommodée avec son mari ? J'en fais mes humbles compliments à M. de Monchevreuil… Il résulte de ceci, mon ami Périgny, que vous êtes gouverneur suppléant du château de Fontainebleau et de Son Altesse monseigneur le comte de Vermandois.

M. d'Humières était piqué au vif de ce qu'on ne lui eût pas fait la réception qu'il attendait, en raison de la mission officielle que le roi lui avait confiée : il faillit s'abandonner à une de ces bruyantes colères, qui avaient quelquefois des accès si comiques, et dont la cour se divertissait, quand il lui en donnait le spectacle.

Il s'appuya sur le bras du sieur de Pé-

rigny pour monter les degrés du perron
et pour traverser les salles du château
jusqu'au grand salon du roi.

Sa mauvaise humeur, loin de s'apaiser,
s'accroissait et s'irritait en marchant : il
serrait les poings, il se mordait les lèvres
et se refrognait davantage à chaque instant. L'orage allait éclater.

A ses emportements près, M. Louis
Crevan de Humières, maréchal de France
depuis l'année 1668, était un excellent et
aimable homme que tout le monde aimait
et honorait, depuis le dernier de ses soldats ou de ses domestiques jusqu'au roi.

Il avait une bonté et une obligeance

qui allaient jusqu'à la naïveté ; mais, aussi, par intervalles, avec ou sans prétextes sérieux, il se livrait à des violences inouïes, frappant du pied, jurant, grinçant des dents, pleurant, s'agitant, se désolant, ainsi qu'un enfant gâté qui ne souffre pas de contradiction ni de résistance.

Ces grandes fureurs, heureusement, ne duraient pas longtemps, et le maréchal se trouvait calmé aussi vite qu'il s'était ému et emporté.

Du reste, gracieux et poli, franc et ouvert, simple et complaisant, il était du commerce le plus facile et le plus agréable : comme il ne savait pas se contraindre, disait-il, il ne voulait pas contraindre les autres.

C'était un grand seigneur dans ses idées, dans ses manières, dans son train de vie : « magnifique en tout », suivant l'expression de Saint-Simon, il faisait un noble usage de sa richesse princière et des immenses pensions qu'il touchait à cause de ses charges.

Car il était non-seulement maréchal de France, mais encore gouverneur et lieutenant-général pour Sa Majesté en Flandre, capitaine des cent gentilhommes de la maison du roi, gouverneur de Lille, de Compiègne et de plusieurs autres villes fortes de la Picardie et du Bourbonnais.

Sa bravoure à la guerre s'était signalée avec éclat; mais son talent, comme général d'armée, ne s'élevait pas au-dessus de la médiocrité.

Il devait, disait-on, sa fortune militaire à sa femme, Louise de la Châtre, dame du palais de la reine et amie du maréchal de Turenne.

Turenne, en effet, lui avait si bien assuré la faveur du marquis de Louvois, que ce ministre lui réservait toujours la première place dans le commandement des armées.

Quand il fut entré dans le salon du roi

et qu'il n'y vit aucun apprêt pour sa réception, quand il éprouva le désappointe-
ment de ne pas être accueilli par le comte
de Vermandois venant à sa rencontre, il
livra carrière aux sentiments de vive con-
trariété et de profonde irritation qui s'é-
taient emparés de lui dès son arrivée dans
la cour du château.

— La plaisante commission qu'on me
fait faire, s'écria-t-il, pour un général des
armées du roi.

Et là-dessus, sans dire un mot de plus
sur l'objet de sa colère subite, il se mit à
marcher avec rapidité autour du salon
comme dans un manége, se heurtant aux

meubles et n'y prenant pas garde, frap‑
pant l'air de ses poings fermés et tortu‑
rant ses traits en contractions nerveuses
qui lui donnaient le caractère d'un pos‑
sédé.

On connaissait trop ses lubies pour es‑
sayer de les dompter par le raisonnement.

Ses officiers et les gentilshommes de la
chambre du roi demeurèrent immobiles
et muets ; le sieur de Périgny resta stu‑
péfait, la bouche entr'ouverte, les yeux
écarquillés, les bras levés.

Le maréchal d'Humières, dont la marche
frénétique s'accélérait à chaque tour de

salle, et dont les mouvements étaient de plus en plus désordonnés, saisit machinalement un vase de porcelaine de Chine, posé sur un buffet, et le lança au loin sur le parquet, où le vase se brisa en morceaux.

C'en fut assez pour le calmer à l'instant.

Il s'arrêta tout court, passa la main sur son front, et se retrouva, comme par enchantement, dans son état normal : la crise était finie.

— Je suis vraiment un grand maladroit! dit-il en allant ramasser lui-même les fragments du vase brisé. Si le roi s'était trouvé là, il faudrait me cacher à cent pieds sous terre.

— Êtes-vous bien sûr, monsieur le maréchal, objecta le sieur de Périgny, que ce soit vous qui ayez cassé ce vase?

— Ce doit être moi, puisque ce n'est pas vous, reprit M. d'Humières; mais qu'on n'en parle pas, s'il vous plaît, au maître tapissier du roi. J'enverrai un autre vase qui remplacera celui.

Le maréchal était complétement rasséréné, et sa patience semblait désormais à l'épreuve de tout.

Il ne demanda pas même si le comte de Vermandois avait été averti de son arrivée, et il proposa au sieur de Périgny, qui s'étonnait de ne pas voir paraître le prince, de jouer une partie d'échecs avec lui.

Le sous-gouverneur, inquiet et chagrin de l'absence de son élève, accepta l'offre du maréchal, dans l'espoir que l'attente lui semblerait moins longue en jouant. Il ne pensait pas que les plus terribles colères de M. d'Humières provenaient du jeu d'échecs.

On apporta l'échiquier, et les deux joueurs s'assirent vis-à-vis l'un de l'autre, pendant que les officiers et les courtisans faisaient cercle autour d'eux.

Les chances de la partie furent d'abord partagées, et le maréchal, qui ne se mon-trait pas fort habile dans les jeux de calcul et de combinaison, put tenir tête à son antagoniste; mais bientôt celui-ci prit l'a-vantage et enleva coup sur coup les meil-leures pièces de l'adversaire.

Le maréchal d'Humières se rembrunit et s'attrista par degrés; il hochait la tête par moments et regardait son jeu désor-ganisé, en faisant une moue formidable.

— M. de Périgny est un rude joueur,

messieurs! dit-il d'un air grognon, avec
un soupir.

— Monsieur le maréchal, répondit humblement le sous-gouverneur, c'est que
vous vous êtes plus souvent exercé sur les
champs de bataille que devant un échiquier.

— Il n'en est pas moins certain que je
me laisse battre là comme si j'étais le prince
de Vaudemont.

— A propos, monsieur le maréchal, dit
Périgny qui voulait empêchér son adversaire à demi vaincu d'attacher trop d'im-

portance à une partie d'échecs, est-il vrai que nous aurons la guerre à la fin du mois?...

— Silence, monsieur! repartit le marquis d'Humières en frappant du poing sur la table; on ne bavarde pas en jouant.

Cette partie, mal engagée par le maréchal, lui devenait de plus en plus défavorable; il était absorbé dans la contemplation de l'échiquier, et il ne prenait pas garde à ce qui se passait autour de lui. Les spectateurs retenaient leur haleine, de peur de troubler l'attention des joueurs.

Sur ces entrefaites, le comte de Vermandois entra et s'avança jusqu'au milieu du salon, sans que sa présence eût été seulement remarquée.

Il vit bien quelle était la cause de la préoccupation des assistants groupés autour de l'échiquier, mais il ne s'aperçut pas que le maréchal était à bout de patience.

Le sieur de Périgny, qui fut averti de l'arrivée du prince, se leva aussitôt par un sentiment naturel de respect et de convenance ; officiers et gentilshommes s'écartèrent en même temps et se tournèrent du côté du prince.

Le maréchal d'Humières resta seul assis, consterné et furieux vis-à-vis d'un échec au roi et à la reine, lequel n'était que le prélude d'un inévitable échec et mat.

— Croyez-vous donc que la partie soit déjà perdue? s'écria-t-il en brouillant toutes les pièces de l'échiquier. Point, monsieur! Vous me donnerez ma revanche au camp de Lessines.

— Monsieur le maréchal, dit à demi-voix le sous-gouverneur, voici Son Altesse!

— Je suis bien mal avisé, maréchal, dit

tout haut le comte de Vermandois, d'avoir
dérangé une si belle partie d'échecs.

— Il fallait bien passer le temps, monseigneur, en attendant Votre Altesse! reprit le marquis d'Humières, qui crut dé-
mêler une malice dans le compliment du
prince.

— Vous n'auriez pas attendu une mi-
nute, monsieur, répliqua le comte de
Vermandois, piqué de cette espèce de reproche indirect, si vous m'eussiez fait annoncer votre arrivée par un courrier, il y
a une heure.

— Le courrier qui devait donner avis

de la venue de M. le maréchal, objecta le
sieur de Périgny, est tombé de cheval ce
matin à l'entrée de la forêt : il s'est rompu
une jambe, et la nouvelle qu'il nous ap-
portait a précédé seulement de quelques
minutes les carrosses du roi.

— Ce pauvre homme qui s'est rompu la
jambe, demanda le maréchal, est-il bien
soigné ? Monsieur du Hamel, ajouta-t-il en
s'adressant à un de ses officiers, faites-lui
remettre cinquante louis de ma part.

— Et cent de la mienne, reprit le prince
en s'adressant au sieur de Périgny.

— Ça, messieurs, qu'on nous laisse, je

vous prie! dit le maréchal d'Humières; j'ai affaire de remplir ma commission auprès de Son Altesse.

Les personnes présentes s'éloignèrent avec déférence, et se tinrent, hors de la portée de la voix, à l'**extrémité** de l'appartement.

Le comte de Vermandois invita le maréchal à s'asseoir près de lui.

Sa naissance, son rang et son éducation de prince du sang lui donnaient, malgré sa jeunesse, un air de supériorité et de prédominence sur ce vieux général qui s'inclinait avec respect devant un fils de France.

— Eh bien ! monsieur le maréchal, dit le jeune homme avec émotion, est-il vrai que Sa Majesté ait mis fin à ma disgrâce, et consente à m'envoyer faire mes premières armes ?

— On ne m'a donc pas laissé le soin d'apprendre cette bonne nouvelle à Votre Altesse ? répondit le marquis d'Humières, étonné et fâché de n'être pas le premier à transmettre au prince les ordres du roi.

— Ah ! monsieur le maréchal, vous n'envierez pas à ma pauvre mère le plaisir qu'elle a pris sans doute à me donner une nouvelle qui devait me combler de joie !

— Si c'est madame la duchesse de La Vallière, reprit le maréchal avec déférence, je n'ai plus rien à dire.

— Je suis profondément pénétré de reconnaissance pour cette marque de bonté du roi à mon égard, et je ferai en sorte de m'en rendre digne par ma conduite à la guerre.

— J'aurai l'honneur de vous avoir sous mes ordres à l'armée de Flandre, monseigneur.

— Je me réjouis, monsieur le maréchal, de commencer mon apprentissage militaire sous les ordres d'un des plus braves et des plus illustres capitaines de ce temps.

— Le peu que je suis, c'est à M. de Turenne que je le dois, et si la bonne volonté suffit pour faire un homme de guerre, je me sens capable, malgré ma barbe grise, de terminer promptement et glorieusement la campagne que nous allons entreprendre dans les Pays-Bas.

— Ainsi donc, il est certain que le roi s'en va faire la guerre aux Espagnols?

— La guerre est imminente depuis trois mois : il faut enfin qu'elle éclate, avant d'être même déclarée. Le traité de Nimègue n'est point exécuté de la part des Espagnols, et quoique les négociations se poursuivent encore à la Haye, il n'est que trop apparent pour tout le monde, que les

armes pourront seules dénouer ces diffi-
cultés. L'armée du roi est réunie au camp
de Lessines, et prête à entrer en campagne au premier signal.

— Il s'agit sans doute de reprendre à
l'ennemi les places fortes que le traité de
Nimègue lui avait rendues?

— Courtrai, Dixmude et quelques autres, pour servir de gage à la loyale et
complète exécution du traité, surtout en
ce qui concerne le comté d'Alost et le du-
ché de Luxembourg.

— Nous aurons donc plusieurs beaux
siéges de villes, et je m'en promets beaucoup le plaisir, car j'ai étudié l'architec-

ture militaire sous un bien habile homme,
M. Charles Perrault...

— J'aimerais mieux que M. de Vauban
eût enseigné son art à Votre Altesse ;
mais, n'importe, les princes du sang,
monseigneur, ne sont point chargés des
travaux de siége.

— Leur place, monsieur, est partout
où il y a des dangers à courir et de la
gloire à gagner.

— Monseigneur ! monseigneur ! dit en
souriant le marquis d'Humières : nous ne
vous laisserons pas, croyez-le bien, vous
mettre à la bouche du canon.

— Je pense, monsieur, répondit le

prince, avec un sentiment de défiance, je pense que le roi ne m'envoie pas à l'armée pour rester confiné sous ma tente?

— Le roi, monseigneur, a trop à cœur ce qui regarde l'honneur de sa famille! Mais il ne faut pas oublier que vous êtes fils de France et que votre vie appartient à la couronne autant qu'à vous-même...

— Quels rapports voyez-vous entre la couronne et moi? dit amèrement le comte de Vermandois. Ma vie n'est pas de conséquence, je vous assure, et il y a des gens auprès du roi, qui paieraient bien cher la nouvelle de ma mort.

— Monseigneur, si ces gens-là existent, ce sont de misérables gens !

— Je ne vous les nommerai donc pas. N'en allez pas conclure que je veuille me faire tuer? Loin de là : monsieur le maréchal, je ferai de mon mieux pour rester en ce monde, afin de faire enrager mes ennemis. Mais je ne m'épargnerai pas sur le champ de bataille, je vous jure, et je m'y conduirai en vrai fils de France.

— Je n'en doute pas, monseigneur, et je vous félicite de ces belles dispositions. Cependant, comme le roi m'a donné la tâche de veiller sur vous, je serai forcé de faire obstacle quelquefois à votre vaillantise. Nous ferons de la sorte chacun notre devoir : vous, en demandant sans cesse à vous battre ; moi en décidant de l'heure et de l'occasion.

— Serai-je le seul prince du sang que vous aurez sous votre commandement? demanda le comte de Vermandois, en affectant un air d'indifférence.

— Nous aurons aussi monseigneur le prince de Conti, qui a déjà fait ses preuves.

— Oh! mon beau-frère ne manque pas de cœur. Est-il le seul qui vienne en Flandre avec nous?

— Il y a encore le prince de la Roche-Guyon, qui n'est pas prince du sang, mais qui fera également bien son devoir.

— Et M. le Dauphin? dit le comte de

Vermandois, avec un demi-sourire où perçait autant de dédaim que de malice.

— Sa Majesté n'a pas permis que monseigneur s'éloignât de la cour en ces circonstances?

— Quelles circonstances, s'il vous plaît, qui s'opposent au départ de monseigneur?

— D'abord, et avant toute chose, répondit le maréchal, embarrassé de la grimace moqueuse par laquelle le prince précisait le sens de ses questions, la grossesse avancée de madame la Dauphine...

— Voilà, en effet, une raison considérable! s'écria le comte de Vermandois, en éclatant de rire.

— Il est d'autres raisons d'État que le
roi ne m'a point dites! reprit le marquis
d'Humières, coupant court à cette enquête
délicate. Je sais, de bonne part, que monseigneur est fort peiné de ne point être
des nôtres dans cette campagne...

— Oui, oui, monsieur, ce n'est point à
un Dauphin de France de se faire tuer
comme un soldat de fortune !

— Au reste, monseigneur, vous par-
lerez de tout cela beaucoup mieux avec le
roi et avec monseigneur lui-même !...
Mais nous pourrons, s'il vous plaît, continuer l'entretien pendant la route...

— Quelle route ? dit le prince, en changeant de visage et en devenant triste et sérieux, de gai et de ricaneur qu'il était un moment auparavant. Quand partez-vous pour l'armée, monsieur le maréchal?

— Demain ou après-demain, monseigneur, lorsque j'aurai reçu les dernières instructions du roi.

— Après-demain, je serai tout à vos ordres, et nous ferons le voyage ensemble, si vous le permettez.

— Bien volontiers, monseigneur ; mais hâtons-nous de revenir à Versailles, où l'on nous attend...

— On m'attend à Versailles ! s'écria le prince, qui pâlit et poussa un soupir.

— On nous attend aujourd'hui même,
reprit le maréchal d'Humières, et j'ai déjà
perdu bien du temps… à jouer aux échecs.

— Eh! pourquoi aujourd'hui plutôt que
demain? demanda le comte de Vermandois, qui paraissait vivement contrarié.

— C'est que le roi doit remettre à Votre
Altesse sa commission, en présence de
toute la cour.

— La cour sera là demain comme aujourd'hui, et la commission que le roi doit
me remettre ne souffrira pas pour un jour
de délai.

— Sa Majesté a voulu vous faire honneur de toutes manières, afin d'effacer le

souvenir de ce qui s'est passé... Ce fut par ce motif que le roi me confia la charge de venir, en personne, vous chercher ici, avec un air de cérémonial, et de vous ramener, pour ainsi dire, en triomphe...

— En triomphe ! répéta le prince, visiblement gêné et préoccupé. Je suis très flatté, sans doute, qu'un si grand et si honorable personnage, que vous êtes, monsieur le maréchal, ait consenti à venir à moi, quand c'eût été plutôt à moi de venir à vous...

— Monseigneur, brisons là les compliments, interrompit le marquis d'Humières; ce serait à n'en plus finir, et l'on nous attend, comme je vous le dis, à Versailles...

Je vous prie de vouloir bien monter en carrosse avec moi.

— Quoi! on ne m'accorde pas de répit... pas seulement une heure pour me préparer à partir!

— Une heure! Qu'avez-vous affaire d'une heure? répliqua le maréchal, dont la patience était mise à une rude épreuve.

— Je dis une heure, mais il m'en faut peut-être deux ou trois...

— Et que voulez-vous en faire, bon Dieu! Il serait sage et convenable de montrer plus d'empressement pour se rendre aux désirs du roi!

— Monsieur le maréchal! dit froidement

le comte de Vermandois qui n'accepta pas la discussion sur un sujet où il avait déjà sa décision fixée ; je me hâterai autant que possible. Vous serez libre, en attendant, de faire mettre la nappe ou de prendre votre revanche au jeu d'échecs.

Après ces mots, qui pouvaient passer pour une épigramme, le prince se leva brusquement, salua le maréchal avec cérémonie et sortit du salon.

Il se sentait secrètement blessé de la prétention que M. d'Humières avait manifestée de l'emmener sur-le-champ, sans même lui demander s'il était préparé à ce départ impromptu.

Il conservait, d'ailleurs, contre le ma-

réchal, un vieux levain de ressentiment,
à cause de certaines vexations déguisées,
qu'il lui reprochait d'avoir autorisées
ou tolérées à son égard, alors qu'il se trouvait encore exilé au château de Compiègne,
dont le marquis d'Humières était gouverneur. Ce dernier n'avait fait peut-être que
suivre aveuglément les instructions de
M. de Louvois.

Le maréchal n'était donc pas trop bien
disposé, de longue main, pour le comte
de Vermandois, et il se croyait fondé à le
considérer comme étant d'un caractère
difficile et d'un assez mauvais naturel.
Ce qui venait de se passer entre eux ne
contribua pas peu à fortifier son jugement
défavorable contre le prince et à motiver

l'antipathie que ce jeune homme lui avait inspirée. Il se sentait profondément offensé de la légèreté avec laquelle le comte de Vermandois, un enfant, un bâtard, avait eu l'air de le traiter, lui, vieux compagnon d'armes de Turenne, ami de Louvois, maréchal de France et général des armées du roi.

Aussitôt, cette mouche le piquant, il se jeta dans un tourbillon d'idées irritantes et il faillit être repris d'un nouvel accès de colère, en recommençant ses promenades circulaires autour du salon.

Le sieur de Périgny, à qui le prince avait fait signe de rester, n'attendit pas que le maréchal eût cassé un nouveau vase pour essayer de le calmer avant que la tempête éclatât.

— Monsieur le maréchal, lui dit-il humblement, vous plairait-il de passer en revue la compagnie des gardes-du-corps qui tient garnison à Fontainebleau?

— Merci, mon ami! répondit M. d'Humières qui s'essuya le front et alla s'asseoir sur un canapé.

— Monsieur le maréchal, lui dit le sieur de Périgny, qui s'était rapproché de lui, ne voudriez-vous pas visiter les parterres?

— Le temps me manque pour cela! repartit le maréchal dont la colère n'était que suspendue.

— Monsieur le maréchal, dit avec persévérance le sous-gouverneur du prince, nous n'avons pas achevé notre partie d'échecs?

— Dieu m'en garde! répliqua le marquis d'Humières qui avait les yeux fixés sur le cadran d'une grande pendule en ouvrage de Boule.

— Monsieur le maréchal!... continua le sieur de Périgny qui s'acharnait dans ses insistances.

— Quelle heure est-il? interrompit le maréchal. Cette horloge va-t-elle bien?

— Comme le soleil, monsieur le maréchal. Il est midi, assurément.

— Midi! murmura le marquis d'Humières. Je désire qu'on me laisse seul, voilà tout.

Le sieur de Périgny suivit les officiers et les gentilshommes qui sortaient du grand salon en s'inclinant devant le maréchal, lequel leur rendit leur salut avec politesse.

Le marquis d'Humières, quand il fut seul, tira de son habit une carte de Flandre qu'il déplia devant lui et sur laquelle il étudia la marche future de son armée.

Ces préoccupations stratégiques firent diversion à son humeur irascible, et il ne tarda pas à être tellement absorbé par ses plans de campagne, qu'il y consacra trois

heures entières, sans avoir levé les yeux
vers la pendule et peut-être sans l'avoir entendue sonner.

Il repliait lentement sa carte en son-
geant à l'utile travail qu'il venait de faire,
quand le timbre sonna trois fois.

— Trois heures! s'écria-t-il en bondissant. Dieu me pardonne! ce sont cinq
heures de retard.

M. de Périgny, qui se tenait officieuse-
ment et discrètement à la porte, se hâta
d'entrer à la voix du maréchal que l'impatience gagnait par degrés.

— A quoi pense donc M. de Vermandois? dit-il avec aigreur : nous arriverons à Versailles quand le roi sera couché !

— Auriez-vous l'intention, monsieur le maréchal, reprit le sous-gouverneur, de partir avec Son Altesse ?

— Veuillez faire savoir à Son Altesse qu'il est grandement temps de monter en carrosse !

— Mais, monsieur le maréchal !... balbutiait le sieur de Périgny troublé et mal à l'aise.

— Allez donc, monsieur ! allez vite ! Je n'ai déjà que trop attendu !

— Oui, monsieur le maréchal ! répliqua le sous-gouverneur qui n'avait pas bougé de place.

— Par l'âme de M. de Turenne! s'écria le marquis d'Humières qui ne parvenait plus à dominer sa colère. Est-il raisonnable de faire attendre ainsi le roi.

— C'est que Son Altesse n'est point au château, monsieur le maréchal...

— Vraiment! Son Altesse n'est point au château! dit avec une sorte de stupeur le vieux général qui ne pouvait croire à ce manque d'égards et de politesse.

— Est-ce que monsieur le maréchal n'en avait pas été averti ?

— Averti! et par qui donc, monsieur? Vous dites que Son Altesse n'est point au château? répéta le marquis d'Humières qui avait peine à se persuader que cette absence fut réelle.

— Je suis désolé que cette circonstance contrarie monsieur le maréchal.

— Mais, au nom du ciel, qu'est-il allé faire hors du château?

— C'est le secret de Son Altesse, monsieur le maréchal. Je suppose que le prince se promène...

— Le prince se promène! dites-vous? s'écria le marquis d'Humières hors de lui.

— Dans la forêt, à pied ou à cheval.

— Voilà une impertinence qui passe les bornes, même de la part d'un prince du sang.

— Le prince est dehors depuis deux heures, monsieur le maréchal, et certainement rentrera pour souper...

— Oh! oh! quand ce petit rebelle sera sous mes ordres à l'armée, je le réduirai bon gré mal gré, comme si c'était un simple officier! Il faudra bien qu'il obéisse, ou bien j'y briserai mon bâton de maréchal de France!

La colère du marquis d'Humières avait

atteint son apogée ; il se mit à gesticuler, en courant d'un bout du salon à l'autre, avec des grimaces et des pantomimes effroyables, puis il lança un violent coup de pied dans une table de bois de rose, qu'il mit en pièces.

Il fut apaisé et soulagé sur-le-champ.

— Holà ! cria-t-il de sa voix ordinaire. Les carrosses sont restés attelés ? dit-il à ses officiers qui étaient accourus à son appel. Çà, qu'on sonne le boute-selle, et que les mousquetaires montent à cheval ! Messieurs, nous partons !

IV

Les adieux.

Le comte de Vermandois, en quittant le maréchal d'Humières, avait obéi à une inspiration spontanée qui lui conseillait de se rendre sur l'heure à l'Ermitage de

la Madeleine, pour voir Louise de Chantemerle et lui dire adieu.

C'était la première fois qu'il s'aventu-
rait à y aller en plein jour.

Il ne prévint personne, pas même Moufle, qui eût cherché peut-être à le dissua-
der de son dessein ; au lieu de rentrer dans
son appartement, il descendit dans les jardins , et marchant à la hâte sans tourner
la tête, dans la crainte d'être suivi, il se fit
ouvrir par le concierge du parc une grille
qui communiquait avec la forêt.

— Qu'on ne sache pas que je suis sorti
par là ! dit-il au concierge, qui s'étonnait
de ce que le comte de Vermandois était

seul, et n'avait pas même un valet de chambre avec lui.

— Monseigneur, Votre Altesse veut-elle permettre que je l'accompagne? demanda cet homme.

— Non, mon ami, je n'ai besoin de personne. Vous entendez? le plus grand secret! Dans une heure, je rentrerai par cette même porte.

Il s'empressa de disparaître dans le bois, et de mettre assez d'intervalle entre lui et ceux qui voudraient le suivre, pour qu'on ne pût le rejoindre avant son arrivée à la Madeleine.

Il ne connaissait pas la route, mais le

hasard, qui est si souvent la providence des amoureux, le conduisit à son but plus sûrement et plus promptement que s'il avait eu un guide.

Le sentier où il s'était engagé, à travers les halliers, venait aboutir au rocher Cassepot, et de là descendait, par une pente escarpée, à l'Ermitage, derrière lequel il passait en longeant le mur de l'enclos, pour mener au bord de la rivière.

C'était une belle et mélancolique journée d'automne.

Le soleil, qui avait quelque peine à dessécher les brouillards du matin, semblait n'avoir plus la force de pénétrer dans les

clairières où ses rayons arrivaient faibles
et décolorés. Le sol était humide et coupé
de flaques d'eau ; les feuilles sèches commençaient à joncher la terre ; mais les
masses d'arbres présentaient encore de
loin un splendide rideau de verdure sombre, nuancé des teintes les plus variées,
qui alternaient du rouge écarlate au jaune
tendre et au bistre argenté, riche paysage
encadré par un ciel pur d'un gris bleuâtre
et limpide.

Mais le comte de Vermandois ne prenait pas garde à ces magnificences de
la nature.

Il restait étranger, indifférent à tous les
objets extérieurs, et il ne voyait pas même

le chemin où il marchait, absorbé qu'il
était dans ses réflexions tristes et assailli
de pressentiments douloureux.

Il était arrivé derrière l'Ermitage par
une route qu'il n'avait jamais prise, et il se
demandait de quel côté il tournerait pour
gagner plus tôt la porte de l'enclos.

Il fut distrait de ses préoccupations par
le choc d'un corps léger qui vint rebondir
sur son chapeau, et qui tomba sans bruit
à ses pieds.

C'était un bouquet de violettes d'automne, qu'on lui avait lancé d'une fenêtre
de l'Ermitage.

Il leva les yeux avec un sourire d'intelligence, mais il n'aperçut personne à la
seule fenêtre qui fût ouverte.

Il s'arrêta un moment, en regardant
toujours au même point, et une nouvelle
pluie de fleurs cueillies fraîchement, qui
s'éparpillèrent autour de lui, partit de
cette fenêtre où ne paraissait encore personne.

Quelques éclats de rire étouffés ne lui
permirent pas de douter qu'on ne l'eût
reconnu avant de lui faire pareil accueil.

— Louise! dit-il à demi-voix, après
avoir ramassé le bouquet de violettes qu'il
mit dans son sein.

— Méchant! répondit mademoiselle de Chantemerle en se montrant rouge et tremblante d'émotion; c'est ainsi que vous venez nous surprendre!

— Imprudente! s'écria le comte de Vermandois; comment vous exposer ainsi à être vue!

—Ne pensez-vous pas plutôt que j'ai été bien inspirée de regarder par cette fenêtre, puisque je vous ai vu passer?... Vous êtes fâché, n'est-ce pas, d'avoir été pris au piége?... Où donc alliez-vous de la sorte?

— Chut! ne parlez pas davantage, et faites qu'on me vienne ouvrir!

Thérèse était occupée dans la maison ; mademoiselle de Chantemerle, au lieu de l'appeler, courut elle-même à la porte de l'enclos ; elle n'eut qu'à tirer les verroux pour introduire le jeune homme, car cette porte n'avait pas été fermée à double tour, et la clé se trouvait encore dans la serrure.

Louise se jeta au cou du comte de Vermandois avec un élan de joie et de tendresse, que son innocence ne cherchait pas même à dissimuler.

Le prince la pressa dans ses bras avec plus d'émotion et de vivacité qu'à l'ordinaire ; elle n'en rougit pas, mais elle en fut troublée.

— Vous m'embrassez comme si nous ne nous étions pas vus depuis quinze jours! lui dit-elle doucement.

— Je vous embrasse, reprit-il avec tristesse, comme si je craignais de rester longtemps sans vous voir!

— Que voulez-vous dire, mon ami? répliqua-t-elle, déjà inquiète et soucieuse.

— Venez! dit-il en l'entraînant dans la maison. Nous avons bien peu d'instants à nous.

Puis, quand ils furent entrés dans la salle du rez-de-chaussée, il s'assit brusquement en la faisant asseoir vis-à-vis de

lui; il ne lui avait pas quitté les mains,
qu'il serrait dans les siennes, et il ne dé-
tachait pas ses yeux des siens; il était
si près d'elle, que leurs genoux se tou-
chaient et que leurs haleines se confon-
daient.

Louise de Chantemerle comprit que
Louis Breton avait quelque grande nouvelle à lui apprendre, et qu'il n'était pas
venu, sans un grave et impérieux motif,
lui rendre visite dans le jour contre son
habitude, et malgré les dangers dont il
lui parlait sans cesse en termes vagues,
mais menaçants.

Elle ne l'avait jamais vu qu'aux lumières, et elle resta tout émerveillée de sa beauté, de sa grâce, de sa noblesse, de tant de perfections enfin, comme si elle ne les eût pas encore remarquées.

Le comte de Vermandois, il est vrai, s'était mis en grand habit de cour pour la réception du maréchal d'Humières, et il n'avait pas pris garde, en sortant du château, à l'indiscrétion de son costume, qui donnait un éclatant démenti à la modeste individualité et aux humbles prétentions de M. Louis Breton.

Il fut très contrarié de cet oubli de son rôle, et il eut peine à cacher son embarras, pendant que Louise le considérait,

des pieds à la tête, avec des yeux ébahis
et des airs étonnés.

— O mon Dieu ! lui dit-elle en soupirant : comme vous êtes en habit de gala !
On croirait que vous allez à la cour !

— Je viens, en effet, d'assister à une
grande cérémonie !... reprit le prince, qui
ne savait comment expliquer ce luxe de
toilette.

— En vérité, dit-elle ingénûment. C'é-
taient sans doute les noces de quelque personnage...

— Justement, la cour y était... J'avais

tant de hâte de vous voir, que je me suis empressé de rompre compagnie...

— N'était-ce point un mariage protestant qui se faisait au grand Temple de Charenton?

— J'étais fort impatient de me retrouver auprès de vous, d'autant plus que j'avais à vous remettre...

— Quoi donc? demanda-t-elle en hésitant et ne devinant pas ce que ce pouvait être.

—Une lettre de votre père! dit le prince, en hésitant aussi à se servir de ce prétexte pour dérouter la curiosité de Louise.

— Une lettre de mon père ! s'écria-t-elle, éperdue. Donnez, donnez de grâce !

Elle tremblait de tout son corps ; des larmes ruisselaient le long de ses joues ; des sanglots gonflaient sa poitrine.

Dans son impatience de toucher de ses mains et de voir de ses yeux la précieuse lettre, elle gênait, elle retardait la recherche que le prince faisait du papier qu'il avait caché dans ses poches, et qu'il ne savait plus retrouver aussi vite que l'eût voulu mademoiselle de Chantemerle.

Enfin, elle saisit cette lettre, elle s'en empara, elle la porta précipitamment à ses lèvres, elle la déplia et s'efforça de la lire ;

mais ses yeux s'étaient voilés de pleurs, et
son regard errait sur le feuillet où il ne
distinguait pas les caractères tracés par
une main bien chère.

Le comte de Vermandois la contemplait
en silence, avec intérêt, avec tendresse,
avec mélancolie.

Le nuage qui couvrait la vue de Louise
se dissipa par degrés, et elle reconnut l'é-
criture de son père.

La lettre du comte de Chantemerle, non
signée, était ainsi conçue :

« Ma chère fille, je chanterai les bontés
de l'Éternel à toujours !

» J'apprends que vous êtes saine et sauve, hors de la puissance de nos ennemis, loin des embûches de Satan.

» Loué soit Dieu ! J'oublie, à cette heureuse nouvelle, mes souffrances et mes amertumes ; je me crois délivré de mes persécutions, et je me réjouis de voir qu'il est encore ici-bas des voies de justice, de vérité et d'honneur.

» Ayez confiance dans le Seigneur, qui nous a si visiblement protégés l'un et l'autre, ma fille. J'ai le ferme espoir que ce temps d'épreuves difficiles va cesser, et que nous pourrons bientôt rentrer, sans peur et sans reproche, dans le foyer de

nos ancêtres, dans l'Église du Christ;
dans la paix et dans la joie.

» Je rends grâces aux âmes généreuses
qui veillent sur vous et qui travaillent à
réunir, après l'exil et la tempête, nos deux
existences que les méchants ont voulu
séparer dans cette vie et dans l'autre.
Amen. »

Mademoiselle de Chantemerle était ac-
coutumée, depuis son enfance, à ce lan-
gage mystique et figuré que le comte de
Chantemerle avait puisé dans une lecture
assidue de la Bible : elle ne s'en étonna
donc pas.

Elle ne chercha nullement à s'expliquer

pourquoi son père n'avait pas donné une forme moins vague et plus claire à cette communication écrite qui ne renfermait aucun fait relatif à leur situation réciproque.

Elle avait sous les yeux une écriture qu'elle connaissait bien ; ces lignes n'avaient pu être écrites que pour elle ; c'était Louis Breton qui lui avait remis ce papier : elle en conclut instinctivement que son père savait, par Louis Breton, tout ce qui s'était passé depuis qu'elle avait quitté le couvent de l'Ave-Maria. Elle en conclut aussi que Louis Breton avait toujours été auprès d'elle l'intermédiaire avoué de son père.

— Je vous remercie, lui dit-elle avec

l'accent de la reconnaissance ; je vous re- mercie, Louis, de m'avoir apporté cette lettre qui me tranquillise absolument sur le sort de mon père ! Je vais lui écrire à mon tour...

— Oui, vous lui écrirez !... répondit le prince, en éludant ce sujet de conversation : mais dans un autre moment...

— Il ne me parle pourtant pas des lettres que je lui ai adressées ? Vous êtes bien assuré qu'elles lui ont été remises ?

— Sans doute, reprit le jeune homme avec embarras. C'est Moufle qui s'en est chargé.

— Et cette lettre que vous me remettez, la première que je reçois, quand a-t-elle été écrite ?

— Il n'y a pas deux heures ! dit le comte de Vermandois, qui se repentit sur-le-champ de cet aveu involontaire.

— Mon père est donc près de moi ! s'écria-t-elle. Je vais donc le voir !...

— Je veux dire que la lettre m'est parvenue, il y a peu de temps, aujourd'hui même... Le comte de Chantemerle est toujours caché, comme je vous l'ai dit, à cause des affaires de la religion réformée, mais il est caché dans un lieu si sûr et si secret, que nous n'avons rien à craindre...

— Oui, mais, si par aventure, il était

découvert, n'irait-il pas à la Bastille?...
Serait-il inquiété?...

— Je vous ai déjà répondu cent fois à ce
propos... Je ne puis que vous redire encore qu'il a des amis qui ne le laisseront
pas dans la peine... En un mot, dans quelques jours, grâce à de hautes protections,
j'espère que le roi permettra que vous re-
tourniez en Dauphiné chez votre père...

— Que je retourne en Dauphiné ! s'écria
Louise stupéfaite, qui regardait comme une
disgrâce et un malheur, ce qu'elle avait
feint souvent d'appeler de tous ses vœux.

— Il faut qu'on pardonne à votre évasion du couvent...

— Retourner en Dauphiné! répétait mademoiselle de Chantemerle, surprise et chagrine d'entendre sortir de la bouche de Louis Breton l'arrêt de leur séparation. O Dieu! est-il possible? murmurait-elle avec anxiété.

— Mais n'est-ce pas ce que vous désirez, ce que vous demandez sans cesse depuis plus de six semaines?

— Quoi! c'est vous qui me dites cela, Louis! répliqua-t-elle, en l'examinant d'un air soupçonneux et découragé.

— Ma chère Louise, dit-il en lui baisant les mains, je pensais vous annoncer là une nouvelle qui...

— Qui m'épouvante, qui me désole, qui m'écrase, car vous ne viendrez pas avec moi en Dauphiné !

— J'y viendrai certainement, mon amie, mais lorsqu'il sera temps...

— Lorsqu'il sera temps ! interrompit-elle avec douleur. Que sais-je, moi, ce que vous entendez par là !

— J'entends que je ne pourrais, dans le moment présent, vous accompagner, vous suivre...

— Dites, dites plutôt que vous êtes las de cette amitié !... Dites que vous avez résolu de m'abandonner !

— Vous abandonner, Louise! reprit-il tristement, d'un air de reproche. Vous savez bien que je ne vous abandonnerai jamais!...

— Je devine tout, Louis! On devine si vite quand on aime!... Vous venez pour me dire adieu...

— Chère Louise! fit-il en la serrant dans ses bras, sans pouvoir nier qu'elle eût deviné juste.

— Vous partez! vous partez encore! reprit-elle, déjà toute en larmes. Mais, cette fois, vous ne reviendrez plus!

— Écoutez-moi, Louise, répliqua-t-il

avec une physionomie grave et sévère :
Croyez-vous que je vous aime?

— Vous m'aimez?... dit-elle, troublée
de cette question. Je l'ai cru... je le croyais
encore tout à l'heure !

—Regardez-moi, pesez chacune de mes
paroles, pour apprécier ce qu'elles va-
lent.

— Vous me faites peur, Louis! reprit-
elle en le regardant avec angoisse. Non,
ne me dites rien! J'aime mieux ne rien
savoir !... Je vous croirai, je vous crois,...,.
Il y a entre nous un secret que j'ignore.....

— Je vous aime, Louise, je vous aime

avec toute l'ardeur dont je suis capable, je vous aime comme je n'ai jamais aimé, comme je n'aimerai jamais personne !

— Oh ! Louis, que vous me faites du bien ! s'écria-t-elle, transportée de bonheur. Et moi ! si je vous aime !...

— Soyez calme, ma bien-aimée Louise, et laissez-moi vous ouvrir mon cœur. J'ai besoin de vous convaincre que vous êtes aimée, puisque vous en doutez, puisque vous en avez douté.

— Non, non, Louis, jamais ! car le doute seul m'eût fait mourir.

— Je vous aime donc, et je vous aimerai toujours !

— Toujours, toujours! répéta-t-elle avec les larmes qui se mêlaient à son sourire enchanteur.

— Et maintenant, mon amie, ne doutant plus de ma profonde, de mon inaltérable tendresse, vous accepterez avec résignation, avec patience, les contradictions de notre destinée.

— Que voulez-vous dire? interrompit-elle, intriguée, effrayée de cet exorde presque solennel.

— Ne me forcez pas, je vous en conjure, à recourir encore, pour vous calmer, pour vous soumettre à la nécessité, ne me forcez pas à recourir au mensonge, qui me répugne et qui m'indigne...

— Vous vous êtes donc servi du mensonge avec moi ? murmura-t-elle en repre-
nant ses défiances.

— Vous me pardonnerez, en faveur de
la cause et de l'objet... Il le fallait. Mais,
si la bouche a menti, le cœur a dit vrai !...
Ce n'étaient, ce ne sont d'ailleurs que des
feintes innocentes et nécessaires..... Vous
ne pouviez, vous ne deviez pas tout savoir !...

— Voilà, Louis, voilà ce qui a fait mes
inquiétudes, mes tourments, mes défiances..... Je sentais là que vous ne me disiez
pas toute la vérité, que vous me cachiez
quelque chose, que vous me trompiez...

— Bientôt je ne vous tromperai plus, bientôt je vous dirai ce secret...

— Dites-le moi, dites-le à présent, je vous en prie, je vous en conjure !...

— Ce n'est pas cela que je dois vous dire aujourd'hui ; le temps me manque..... je n'ai que peu de moments à vous donner...

— Et vous allez partir, disiez-vous ?

— Je vais partir... Je vais partir pour l'armée.

— Pour l'armée ! s'écria-elle en pâlissant. Pour l'armée! répéta-t-elle en fixant sur lui un œil hagard. Pour l'armée! reprit-elle avec un gémissement sourd et profond.

— Vous êtes fille d'un gentilhomme, Louise; votre père a fait le métier des armes, comme ses aïeux l'avaient fait auparavant...

— Oui, mes aïeux, oui, mon père!..... Mais vous, Louis, vous, si jeune, vous, que j'aime tant!...

— J'irai à la guerre, Louise, et j'en reviendrai plus digne.

— Si, du moins, on était sûr de vous

voir en revenir... Ah! cette pensée est horrible ! dit-elle à travers ses pleurs et ses sanglots. Vous serez tué !

— Prouvez-moi que vous m'aimez, chère Louise, en ne me désespérant pas!

— Mais, si vous étiez tué, Louis, je ne vous survivrais pas un jour... Je mourrais de chagrin, ou plutôt je me hâterais de sortir de cette vie où je n'aurais plus rien à faire sans vous !

— Est-ce là m'aimer véritablement, que de m'ôter ainsi le courage de vous quitter et de faire mon devoir ?

— Si vous m'aimiez comme vous le dites, vous ne partiriez pas, vous n'iriez pas à la guerre.

— Seriez-vous bien aise que je fusse déshonoré et que j'eusse honte de moi-même?

— Et quand devez-vous partir? reprit-elle d'une voix faible en cherchant à étouffer ses sanglots.

— Aujourd'hui, tout à l'heure!..... Je ne suis venu que pour vous dire adieu!

— Non! vous ne partirez pas! s'écria-t-elle en se levant éperdue, et courant pousser la porte de la salle.

— Louise! Louise! dit le comte de Vermandois, se levant aussitôt avec la résolution de s'éloigner.

— Vous ne partirez pas, vous dis-je !
je vous garde !... Si vous partez, je vous
suis !...

Mademoiselle de Chantemerle, exaltée
par le désespoir, semblait avoir perdu l'u-
sage de sa raison.

Elle s'était précipitée au-devant du
prince pour l'arrêter, et elle était tombée dans ses bras, à demi-pâmée, avec
des torrents de larmes et des accès de sanglots mêlés de soupirs et de plaintes inar-
ticulées.

— Louise ! au nom de votre père ! lui
disait le prince d'une voix suppliante,
Louise, mon adorée Louise ! au nom de
notre amour ! ayez pitié de moi ! ne m'o-
bligez pas à choisir entre vous et mon

devoir, entre vous et mon honneur!...
Soyez forte, soyez confiante, soyez rési-
gnée!... Recevez, avec mes adieux, les
serments...

— Pas de serments! s'écria-t-elle avec
une nouvelle frénésie : je n'en veux pas!
je n'y crois plus!...

— Est-ce ainsi que vous voulez que je
vous quitte? dit-il amèrement. Que vous
ai-je fait pour me causer tant de douleur?
Je vous jure que je ne vous ai jamais plus
aimée!... Je vous jure que mon plus ar-
dent désir est de ne plus me séparer de
vous... Je vous jure que je n'aurai pas
d'autre femme que vous...

— Vous me l'aviez juré, et j'avais foi
dans vos serments... Insensée que j'étais!

— Eh quoi! ne comprenez-vous pas que nous ne sommes pas libres de nos actions? Ne savez-vous pas que ce départ, je ne l'ai point souhaité, et que j'en gémis, puisque vous le désapprouvez. Mais il le faut, mais il faut obéir..... à mon père...

— A votre père! répéta-t-elle sourdement, devenant pensive et sombre.

— Dites, si votre père vous ordonnait, n'obéiriez-vous pas? Oseriez-vous braver sa colère, sa malédiction?

— Vous ne m'aviez pas encore parlé de votre père! murmura-t-elle en penchant la tête sur sa poitrine.

— Il y a tant de choses dont je ne vous

ai pas parlé et dont je vous parlerai un jour ! Je ne vous ai pas non plus parlé de ma mère...

— Vous avez encore votre mère ! dit-elle avec un soupir. Ne serait-elle pas contraire à notre union ?

— Allons, ma Louise ! dit doucement le prince, qui se rapprocha d'elle et qui lui passa un bras autour de la taille en la regardant avec tendresse. Conduisez-moi jusqu'à la porte de l'Ermitage, pour rester quelques instants de plus avec moi !...

— Oh ! je suis bien malheureuse ! s'écria-t-elle, éclatant encore une fois en sanglots.

— Je donnerais jusqu'à la dernière goutte de mon sang pour que vous fussiez heureuse!..... Mais imaginez-vous, chère amie, que je sois moi-même si heureux !

— Que deviendrai-je, quand je ne vous verrai plus, quand j'aurai à peine de vos nouvelles, quand je craindrai sans cesse pour vos jours !... Est-ce que l'on peut vivre ainsi séparés l'un de l'autre !...

— Je vous écrirai souvent, et je ne tarderai guère à revenir, d'ailleurs ; la saison est fort avancée, la campagne ne sera pas longue ; il est possible que la guerre ne se fasse pas..... Vous sentez bien qu'on ne me retiendra pas longtemps, oisif et inu-

tile dans un camp... Il n'est pas même certain que je parte...

— Abstenez-vous de me donner des es-
pérances qui ne seraient que de cruelles
et amères illusions!... Vous partirez, vous
allez partir, Louis, puisque vous êtes venu
me faire vos adieux. Qui sait si nous nous
reverrons!...

— Voilà de vos pressentiments!... Ne
m'en attristez pas, je vous supplie; car,
moi aussi, j'ai besoin qu'on me recon-
forte et qu'on me soutienne! Je ne vous
ai pas montré tout ce qu'il y a de souffrances dans mon cœur.

— Lorsque vous reviendrez, vous me

trouverez morte, morte de douleur!..... ou bien vous ne reviendrez pas, et moi...

— Je reviendrai et ne vous quitterai plus, dussé-je renoncer à tout le reste à cause de vous!

— Moi, j'avais renoncé à tout! reprit-elle avec exaltation. Je renoncerais à ma famille, à mon père, à mon pays, à mon Dieu!... Car je suis à vous, Louis, et vous n'êtes pas à moi!

Le comte de Vermandois ne lui répondit que par un long et chaste embrassement.

Il était à bout de ses forces morales, et

il se demandait tout bas comment il par-
viendrait à se dédager de cette chaîne de
regrets et de reproches amoureux, qui le
retenait auprès de mademoiselle de Chantemerle, sans énergie, sans volonté et
sans dessein.

Ses yeux se remplissaient de larmes, sa
respiration était oppressée, sa voix tremblante.

— Que se passe-t-il donc ici ? s'écria
Thérèse en arrivant à l'improviste.

—Il part, Thérèse! dit Louise en gémissant ; il va partir pour l'armée !

— Est-ce que les clercs de procureurs

vont se battre à la guerre comme des plu-
mets? dit gaîment Thérèse, qui avait deviné la cause de la douleur de mademoiselle de Chantemerle et qui essaya d'y
faire diversion par une boutade plaisante.

— Il part, te dis-je, tout à l'heure! reprit
Louise en se laissant tomber sur un
pliant. Il est venu, le cruel, l'ingrat!... Il
est venu m'annoncer ce départ et me faire
ses adieux !

— Monsieur Louis, dit Thérèse avec un
visage grondeur, vous auriez bien fait de
nous éviter le tourment de ces adieux! Il
fallait partir sans nous voir, sans nous pré-

venir ; c'eût été plus sage... pour tout le monde !

— Et moi, je ne veux pas qu'il parte, interrompit Louise, dont les transports et les violences allaient recommencer. Je ne veux pas le laisser partir !

— Vous avez tort, répliqua Thérèse, qui devina la situation et qui fit un signe d'intelligence au comte de Vermandois. On ne doit jamais chercher à retenir les gens malgré eux, parce qu'on les retient mal ou qu'on ne les retient pas. Il est de votre dignité, au contraire, de ne mettre aucun obstacle à ce départ.

— Qu'importe ma dignité ! Ce qui m'im

porte, c'est qu'il ne parte pas! Et il restera !

— Adieu, Louise, adieu! dit le prince
en s'imposant la loi de partir sur-le-
champ.

Thérèse avait ouvert la porte et livrait
passage au soi-disant Louis Breton, qui
sortit précipitamment de la salle en s'es-
suyant les yeux, et qui descendit dans le
jardin, qu'il traversa d'un pas rapide.

Mademoiselle de Chantemerle s'était le-
vée d'un bond pour l'arrêter, pour le suivre ; mais, voyant qu'il n'avait même pas
retourné la tête en s'éloignant, elle de-
meura immobile, à la même place, comme

une froide statue, jusqu'à ce que, épuisée par la lutte, abîmée dans la douleur, elle retomba sur son siége avec un gémissement qui ressemblait au dernier soupir d'une déchirante agonie.

Le comte de Vermandois était déjà près de la porte, quand il fut rejoint par Thérèse qui la lui ouvrit en silence en le regardant avec compassion ; elle ne songeait plus à cacher ses larmes, qui roulaient au bord de ses paupières.

— Adieu, Thérèse ! lui dit le prince en lui prenant la main. Je te recommande Louise !

— Ah ! monseigneur ! lui dit-elle vivement. Quelle imprudence à vous d'avoir parlé de ce départ ! La pauvre demoiselle n'aura plus un moment de calme et de tranquillité !

— Je serais plus inquiet, si je ne te savais pas auprès d'elle ; mais tu la consoleras, tu lui donneras du courage et de la raison.

— La raison est une sotte chose quand on aime, et elle vous aime, monseigneur, comme on n'aime plus sur terre !...

— J'aurai soin que, pendant notre absence, qui ne durera guère, vous soyez bien gardées, et Moufle s'en chargera.

— Moufle ne part donc pas avec vous, monseigneur? dit Thérèse, dont le front parut s'éclaircir.

— Non, je le laisse ici pour qu'il veille sur mademoiselle de Chantemerle. Moufle est l'homme du monde en qui j'ai le plus de confiance.

— Et vous n'avez pas tort, vraiment! Il vous est attaché, monseigneur, comme je suis attachée à Louise...

— Tenez, mon enfant, dit le prince en tirant d'une des basques de son habit un sac de mille louis. Il faut qu'on ne manque pas d'argent ici, en cas de besoin imprévu.

— Eh ! monseigneur, que voulez-vous que nous fassions de tout cet argent-là ! s'écria Thérèse, que le son de l'or avait fait tressaillir de surprise plutôt que de cupidité.

— Je te prie d'être la trésorière de mademoiselle de Chantemerle. On ne sait pas ce qui peut arriver, et l'argent rend parfois de grands services. Ce qui en restera, ma chère Thérèse, est pour toi.

— Il y a là-dedans la dot de dix filles à marier ! disait Thérèse, en rougissant, confuse et joyeuse de se voir si riche. Monseigneur, envoyez-nous de vos nouvelles, ne nous oubliez pas !

Le comte de Vermandois ne l'entendait déjà plus.

Il avait dépassé l'angle du mur de l'enclos, et il était entré, pressant le pas, dans la route qu'il parcourait à cheval tous les soirs pour aller de Fontainebleau à l'Ermitage de la Madeleine.

Le hasard, plus que l'habitude et la réflexion, l'avait conduit à prendre cette route qu'il crut reconnaître et qu'il suivit en s'abandonnant au cours de ses pensées anxieuses.

Il se repentait d'avoir quitté si durement, si cruellement, la pauvre Louise, qui s'efforçait de le retenir et de le posséder quelques instants de plus, il avait parfois regardé en arrière, comme pour calculer la distance qui le séparait de l'Ermitage, et il se sentait ramené sur ses pas par une force invincible.

Tout à coup Moufle, qui l'apercevait de loin, en venant au-devant de lui, signala sa présence et son approche par des exclamations redoublées, qu'il accompagnait d'une pantomime expressive.

Moufle courait à perdre haleine, en bondissant comme une biche poursuivie par la meute ; il aurait perdu en chemin son chapeau et sa perruque, s'il les avait eus sur la tête à sa sortie du château.

— Monseigneur ! cria-t-il d'une voix essoufflée et dolente : M. le maréchal qui repart !

—En effet, M. le maréchal est là-bas qui m'attend ! dit le prince, qui eut bientôt rejoint son valet de chambre.

— Il n'a pas voulu attendre davantage ; il repart pour Versailles... ou plutôt il est parti.

— Bon voyage ! Aussi bien n'est-il plus temps de le prier d'attendre encore ! Mais, sur ma foi, ce n'est pas là de la complaisance, et M. le maréchal d'Humières aurait dû se rappeler que je suis, comme fils du roi, son supérieur, et son égal, comme grand amiral de France !

— Il était furieux d'avoir trop attendu, et il s'en est allé, disant qu'il avait des ordres de Sa Majesté.

— Eh bien ! qu'il s'en aille à Versailles avec ses carrosses ! J'y puis être avant lui, s'il me plaît de monter à cheval.

— On ne sait ce que Votre Altesse est devenue, et tout le monde est en peine au château...

— Moufle, interrompit le prince, j'ai compté sur toi pour une commission de confiance et de dévoûment.

— Ordonnez, monseigneur, et il sera
fait tout ainsi que vous ordonnerez.

— Je pars pour l'armée, où le roi m'envoie essayer ce que je vaux à la guerre.

— Je savais cette nouvelle, monseigneur, dit Moufle avec émotion ; mais je
balançais à y croire...

— C'est une bonne nouvelle qui devrait
te réjouir autant qu'elle me satisfait. Un
prince de mon sang ne peut rien tant dési-
rer que de se distinguer dans la carrière
des armes...

— Je n'ignore pas combien vous êtes

brave et intrépide, monseigneur ; mais je craignais que vous n'eussiez bien de la peine à vous éloigner d'ici, même pour assister à une belle bataille...

— Je pars, et tu resteras, Moufle ; oui, tu resteras, afin de veiller à ce qu'il n'arrive rien de fâcheux à mademoiselle de Chantemerle en mon absence ; tu t'en iras, aujourd'hui même, à l'Ermitage, car j'entends que tu y séjournes jour et nuit, pour être prêt à tout événement...

— Je ne vous accompagne pas, monseigneur ! dit d'un air consterné le valet de chambre, dont les yeux étaient gonflés de larmes.

— Non, mon ami, d'autres pourront là-bas remplir ton office, tandis que personne ici ne te pourrait remplacer.

— Ce sera la première fois que je me verrai séparé de Votre Altesse!... Cette décision est-elle irrévocable, monseigneur ?

— Si je savais quelqu'un qui me fût plus fidèle et plus dévoué que toi, je pourrais lui donner la préférence !

— Mais, monseigneur, vous allez à la guerre, vous serez en butte à bien des dangers, et je ne serai pas là !...

— Penses-tu donc, mon pauvre Moufle,

dit le prince en souriant, que tout l'attachement que tu as que pour moi serait
capable de détourner une balle ou d'arrêter un boulet?

— Ce boulet, cette balle, ne vous attein-
drait pas, monseigneur, quand je me jet-
terais devant vous!

— Merci! mon ami, je te donne la meil-
leure preuve de mon attachement, en te
priant de garder mademoiselle de Chantemerle... Va-t'en, de ce pas, à la Madeleine, lui présenter mes hommages et lui
réitérer mes adieux, en lui portant de ma
part, ce talisman que je tiens de ma mère!

Le comte de Vermandois retira de son

sein le scapulaire béni, que madame de
La Vallière lui avait envoyé.

Il y posa ses lèvres avec un pieux respect, avant de le remettre entre les mains
de Moufle, qui pleurait.

V

La confession

Le comte de Vermandois rentra par les jardins dans le château, où toutes les personnes de sa maison étaient en quête de lui et se demandaient l'une à l'autre avec inquiétude ce qu'il pouvait être devenu.

Le sieur de Périgny vint le premier à sa rencontre.

—Ah! monseigneur! lui dit-il en jouant l'émotion et prenant un air consterné : où donc était allée Votre Altesse?

— Je me suis promené dans le grand parc, répondit froidement le prince, pour me délivrer d'un furieux mal de tête qui me tient encore.

— Faut-il qu'on avertisse le premier médecin ordinaire de Votre Altesse?...

— Je n'ai que faire de médecin, interrompit le prince avec impatience, et je m'étonne qu'on ose s'entremettre dans mes actions, à ce point que je ne suis pas libre d'aller et venir, sans qu'on s'en intrigue!

— N'en accusez, monseigneur, que le grand intérêt qui s'attache à Votre Altesse...

— Il me plaît qu'on s'intéresse moins à moi et qu'on respecte plus ma liberté.

— Et M. le maréchal qui est reparti pour Versailles! s'écria M. de Périgny, suivant pas à pas le prince, qui remontait dans ses appartements.

— J'en suis bien aise; nous aurons le

plaisir d'y arriver à franc étrier avant lui.

— Mais monseigneur, est-il convenable que Votre Altesse voyage de la sorte?

— Vraiment! monsieur de Périgny, vous en parlez comme si je ne savais pas me tenir en selle!

— Certes, monseigneur, il n'y a pas de meilleur cavalier que Votre Altesse.

— Donnez donc des ordres pour que les chevaux soient prêts; nous partirons ensemble dans quelques minutes...

— Je suis très fier, monseigneur, d'ac-

compagner Votre Altesse ; mais je me
trouve fort perplexe à cause de l'absence
de M. le marquis de Monchevreuil, qui ne
reviendra que demain, et qui sera bien
surpris de notre départ.

— Est-ce à dire que je dois être gou-
verné au bon plaisir de M. de Monchevreuil? En vérité, il serait un peu bien
étrange que j'attendisse ici le retour de
M. de Monchevreuil, pour savoir comment je dois me conduire!

— Il est vrai que Votre Altesse est man-
dée par le roi ; mais M. le maréchal d'Humières avait mission de vous emmener
avec lui à Versailles...

— M. le maréchal, avec ses carrosses et sa suite, arrivera longtemps après nous !

— Et Votre Altesse, demanda le sous-gouverneur en hésitant, ne veut pas d'autre compagnie que la mienne ?

— Sans doute ; les gros trains font des lenteurs et des retards qu'il nous faut éviter.

— Quoi ! pas même un valet de chambre ou un laquais, qui galope derrière nous ?

— Soit ! il n'y a pas d'inconvénient à prendre avec nous un laquais ou un valet de chambre.

— Ainsi, monseigneur, dit enfin M. de
Périgny qui triomphait, M. Moufle ne vient
pas ?

— Non, monsieur, reprit indifférem-
ment le prince ; Moufle m'a prié de lui ac-
corder un congé...

— Pourvu que ce congé soit long ! s'é-
cria le sous-gouverneur, ne cachant plus
sa joie. Voilà, monseigneur, une heureuse
circonstance dont je félicite Votre Altesse.

—M. Moufle est incommodé ; il a besoin
de se reposer et d'aller voir sa famille.

—Peu importe, monseigneur, peu im-

porte la raison qui l'empêche de suivre
Votre Altesse à l'armée.

— En effet, il ne reprendra son service
auprès de ma personne qu'après mon retour.

— A merveille, monseigneur ! s'écria
M. de Périgny transporté de joie. La disgrâce de ce personnage...

— Que parlez-vous de disgrâce, monsieur ? répliqua vivement le prince en le
regardant avec pitié. M. Moufle n'a jamais
été plus honoré de mon estime et de ma
confiance. Il ne vient pas avec moi à la
guerre; c'est tout !... Il ne perdra pas pour

cela dans mon amitié ; bien au contraire !...
Nous partons tout à l'heure, monsieur.

— Ah ! monseigneur, je vous suivrais
volontiers au bout du monde, si M. Moufle
vous faisait défaut !

Le comte de Vermandois ne put s'empêcher de sourire en voyant l'implacable
jalousie de son sous-gouverneur contre
son premier valet de chambre, que le sieur
de Périgny cherchait à supplanter depuis
si longtemps.

Il tourna le dos à M. de Périgny, qu'il
laissait jouir pleinement de son triomphe.
Il fit appeler sur-le-champ l'abbé Cor-

nouaille, qui avait demandé plusieurs fois
à le voir.

— Monsieur l'abbé, lui dit-il en le faisant asseoir à ses côtés, vous savez que je
vais partir...

— Oui, monseigneur, reprit le vicaire
de Saint-Eustache avec un air de douloureuse résignation, et je m'inquiète de ce
que deviendront mes pauvres hôtes quand
je ne serai plus avec eux pour les pro-
téger !

— Il est bien entendu, monsieur, que
vous ne quitterez pas M. le comte de Chantemerle.

— Je suis, hélas! forcé de le quitter, de même que je quitterai mon frère pour suivre Votre Altesse.

— Oh! je ne souffrirai pas, monsieur l'abbé, que, pour m'accompagner à l'armée, vous laissiez M. de Chantemerle et votre frère exposés à toutes sortes de périls.

— Il faut néanmoins que je me sépare d'eux, quoi que j'en aie, monseigneur, car le devoir de ma charge auprès de Votre Altesse m'oblige d'aller partout où vous irez.

— Je vous délie de ce devoir, monsieur

l'abbé, jusqu'à ce que nous n'ayons plus rien à craindre pour nos deux huguenots.

— Mais, monseigneur, je suis le mandataire de madame la duchesse de La Vallière, qui m'a daigné remettre son autorité de mère pour diriger votre conscience et surveiller votre conduite morale. Je n'ai pas le droit de me dispenser d'une commission si délicate, puisque je l'ai acceptée.

— Je n'entends pas non plus vous donner un successeur, monsieur, et je serais très fâché, je vous assure, si quelque événement de force majeure vous contraignait de céder la place à un autre.

— C'est là qu'il faut en venir absolument, monseigneur, reprit tristement
l'abbé Cornouaille, et je vous supplie de
rechef de vouloir bien m'excuser...

— Vous allez encore me parler de vous
retirer; mais vous savez bien que je n'y
consentirai pas !

— Les raisons que j'exposais ce matin à
Votre Altesse sont plus impérieuses maintenant...

— Non, non, monsieur l'abbé; vous
continuerez à faire partie de ma maison;
vous demeurerez le plus longtemps possible dans la charge qui vous a été confiée
par ma mère...

— Est-il loyal, monseigneur, interrompit gravement l'abbé Cornouaille, d'occuper une charge et de n'en point remplir les conditions?

— Vous voulez dire par là que vous prenez bien peu de part à la direction de ma conscience?

— Je veux dire, monseigneur, que, depuis mon entrée en fonctions comme confesseur de Votre Altesse...

— Je ne me suis point approché une seule fois du tribunal de la pénitence?

— Vous avez de la religion, je le sais,

monseigneur, malgré des erreurs, des fautes qu'on doit mettre sur le compte de la jeunesse, et qui n accusent pas, à mon avis, une nature vicieuse ni perverse...

— J'ai eu des torts, il est vrai, monsieur; ces torts, je crois les avoir expiés, je les expie encore amèrement...

—Ne sentez-vous pas le besoin, monseigneur, d'en demander pardon à Dieu?

— Vous m'offrez de m'entendre en confession?

—N'éprouvez-vous pas le désir de déclarer ces péchés devant un prêtre, et d'en recevoir l'absolution?

— Monsieur l'abbé, je le voudrais! reprit le prince embarrassé d'une proposition à laquelle il ne pouvait répondre avec franchise. Oui, je le voudrais, répéta-t-il, mais j'hésite, mais je crains...

— J'ai l'esprit tourmenté d'un pénible soupçon, monseigneur...

— Quel soupçon, monsieur? répliqua le comte de Vermandois en rougissant et baissant les yeux.

— Je rapproche les faits et je les examine pour en tirer une conclusion qui m'effraie...

— Qui vous effraie? dit le prince, que

ce mot fit tressaillir comme si on lui arra-
chait son secret.

— Oui, monseigneur ! s'écria l'abbé
Cornouaille, qui le regardait fixement et
qui s'affermissait à chaque instant dans
une conviction douloureuse. Votre démarche personnelle auprès de M. Colbert
mourant, en faveur de M. le comte de
Chantemerle que vous ne connaissiez
pas...

— J'eusse agi de même, dit vivement le
prince qui cherchait à éluder une expli-
cation ; j'eusse agi de même pour tout
autre qui se serait trouvé en pareille situation.

— L'intérêt singulier que vous preniez au sort de M. de Chantemerle et de ses co-religionnaires.

— J'y prendrais encore autant d'intérêt, s'il fallait les sauver de la potence!

—, Les soins empressés et délicats que votre médecin ordinaire, M. Robin, a donnés à M. de Chantemerle depuis que ce pauvre comte est retiré et caché dans le château de Fontainebleau...

— J'approuve, certes, mon médecin ordinaire, pour les soins donnés à un malade.

— Enfin, votre répugnance pour le sacrement de la confession.

Ce n'est pas de la répugnance, Dieu
soit loué! Je reconnais seulement mon in-
dignité.

— Hélas! mon Dieu! dit en soupirant
l'ecclésiastique, qui leva les bras et les
yeux au ciel avec désespoir: j'avais donc
lieu de redouter ce malheur à jamais dé-
plorable!...

— Où voyez-vous là un malheur qu'il
faille tant déplorer? repartit le prince,
troublé et offensé.

— Depuis le premier jour où je suis devenu le successeur de l'abbé Gofas, j'ai
soupçonné que votre Altesse s'était laissée

séduire par quelqu'un de la religion prétendue réformée...

— Je ne vous comprends pas, monsieur, dit le comte de Vermandois, qui respirait enfin.

— Oseriez-vous jurer, monseigneur, que vous êtes toujours fidèle à la croyance de vos augustes ancêtres !

— Oh ! pour cela, je vous le jure, de bien bon cœur ! répondit-il un peu légèrement.

— Vous jureriez, aussi, que vous n'avez aucun entraînement vers l'hérésie et que vous n'y tomberez jamais ?

— Et vous, monsieur l'abbé, si plein de foi, si pieux que vous soyez, oseriez-vous jurer de n'être jamais huguenot ?

L'abbé Cornouaille accueillit cette boutade semi sérieuse et semi plaisante par un signe de croix, comme s'il eût voulu chasser une pensée du démon.

— Monseigneur, les chevaux sont sellés et nous attendent ! dit le sieur de Périgny, à travers la porte entre-bâillée.

— Nous n'avons que quelques moments, monsieur l'abbé, reprit le comte de Vermandois ; il faut en faire bon usage. Je vais partir pour Versailles, et bientôt après pour l'armée.

— Votre Altesse désire que je demeure ici pour servir de sauvegarde à M'. le comte de Chantemerle ?

— Vous avez été témoin de la signature des lettres grâce...

— Oui ; mais ma déclaration à cet égard serait sans effet, si l'un ou l'autre des deux condamnés contumaces était aux mains de la justice...

— Aussi faut-il que les lettres de grâce se retrouvent ou que le roi en signe de nouvelles.

— Les lettres de grâce ne se retrouveront pas et le roi ne signera rien !

— Voilà ce que je saurai définitivement sous peu de jours. Si nous avons ces lettres de grâce, vous vous chargerez de reconduire en Dauphiné le comte de Chantemerle...

— Et sa fille? demanda l'abbé Cornouaille, qui n'avait pas encore cherché à voir clair dans la mystérieuse obscurité de l'évasion de Louise hors du couvent de l'Ave-Maria.

— Vous ramenerez d'abord M. de Chantemerle en son château, répliqua le prince que le souvenir de Louise avait ému. Si le roi refuse, ou plutôt si M. de Louvois persiste dans sa dureté, eh bien! il faudra

prendre un parti extrême, et faire sortir
de France M. de Chantemerle...

— Sans sa fille? demanda encore l'ecclésiastique, qui ne s'apercevait pas de
l'embarras qu'il causait au prince.

— Je vous transmettrai, à cet effet, repartit le comte de Vermandois, un sauf-
conduit...

— Pour le comte et pour mon frère Jérémie?

— Je ne les sépare pas l'un de l'autre
dans ma pensée.

— Mais puisque vous savez, disiez-vous,

l'endroit où mademoiselle de Chantemerle
s'est réfugiée ?...

— Vous pourriez, en mon absence, lui
faire passer des nouvelles de son père par
l'entremise de Moufle.

— Votre premier valet de chambre,
monseigneur ? reprit l'abbé, à qui Moufle
avait inspiré, dès l'origine, une défiance
indéfinissable, que n'entachait pourtant
aucun sentiment de mésestime.

— Oui, je donnerai des ordres à Moufle,
pour qu'il se fasse le messager de cette
correspondance.

— M. Moufle est donc instruit du lieu

où mademoiselle de Chantemerle se trouve?

— Certainement, puisque Moufle a toute ma confiance.

— Vaudrait-il pas mieux, objecta le prêtre, dans l'esprit duquel un soupçon venait de naître à l'instant, ne vaudrait-il pas mieux que je connusse la retraite de mademoiselle de Chantemerle?

— A quoi bon, je vous prie ?

— Ne serait-il pas plus convenable que son père en fut averti, et même?...

— Il est temps que je parte, interrompit

le prince, qui jugea prudent d'échapper à
des questions aussi pressantes. Je vous
prie de m'excuser, monsieur ; mais l'heure
me commande...

— Monseigneur ! dit l'abbé Cornouaille
dont les yeux commençaient à s'ouvrir :
vous auriez plutôt fait de m'avouer toute
la vérité.

— Que voulez-vous donc, s'il vous plaît,
que j'avoue? dit le prince interdit et tremblant.

Il y eut un intervalle de silence pendant lequel l'abbé Cornouaille, fixant un
regard pénétrant sur la physionomie bou-

leversée du comte de Vermandois y lut,
pour ainsi dire, ce qui avait été jusqu'alors
un livre fermé pour lui.

Il avait déchiré tout à coup le voile qui
couvrait les relations secrètes des deux
amants de l'Ermitage; il comprenait, il
jugeait, il devinait tout, et sa clairvoyance,
une fois entrée dans cette voie qu'il n'a-
vait pas même auparavant interrogée de
loin, se portait déjà au-delà du réel, jusqu'aux extrémités du possible.

— Prince! lui dit-il d'un accent per-
suasif et d'un air imposant, en lui montrant le crucifix d'ivoire qui luisait dans
un cadre d'ébène garni de velours noir, au

fond de l'alcôve : voilà celui qui remet les péchés des hommes !

— Est-ce pécher, murmura le prince, subjugué par cet imposant appel à la confession, est-ce pécher envers Dieu, que d'avoir de l'amour, un amour chaste et pur, pour une femme qui en est digne ?

— Mon fils ! lui dit doucement le prêtre, agenouillez-vous, et faites un acte de contrition.

Le comte de Vermandois obéit presque machinalement ; ses genoux frémissants se plièrent, et il se trouva dans la posture d'un pécheur pénitent, l'âme remplie d'une religieuse et terrible émotion.

— Confessez vôtre péché, mon fils! lui dit l'abbé Cornouaille, avec cette puissance de volonté qui passe comme un enchantement dans la voix, dans le regard et dans le geste.

— Je l'aime! reprit le prince, dominé par ce charme irrésistible, oui, je l'aime!

— Vous aimez mademoiselle de Chantemerle? répliqua le confesseur avec un mouvement de tendre pitié. Vous savez bien pourtant, mon fils, qu'il ne peut exister entre vous aucun lien charnel!

— Je n'aurai jamais, s'écria-t-il avec l'exaltation du cœur, je n'aurai pas d'autre épouse que Louise!

— Vous êtes prince du sang et fils de France, monseigneur; elle, fille d'un bon gentilhomme.

— Qu'importe! ma mère n'était-elle pas seulement fille d'un gentilhomme?

— Ah! malheureux! n'insultez pas votre mère, en alléguant ses péchés et ses infortunes!

— C'est un bienfait du ciel, mon père, que d'aimer comme j'aime!... C'est une sainte chose que l'amour!...

— Vous êtes catholique, mon fils; elle est protestante!

C'était là, en effet, entre les deux amants, une ligne de démarcation si profonde, une barrière si insurmontable, que le comte de Vermandois s'étonna de n'y avoir pas encore songé, et qu'il s'attrista tout à coup, en se rappelant que sa mère, la duchesse de La Vallière, était devenue Sœur de la Miséricorde.

On n'avait peut-être pas d'exemple à cette époque de l'alliance d'un catholique avec une protestante, ou, du moins, fallait-il que le mariage changeât la religion de l'un ou de l'autre.

— Écoutez-moi, mon enfant, dit avec bonté l'abbé Cornouaille à son pénitent :

vous vous êtes conduit avec toute l'impré-
voyance de la jeunesse; vous avez oublié
ce que vous êtes, et ce que vous devez
être...

— Hélas! interrompit le comte de Vermandois, je ne suis qu'un orphelin, malgré
mon titre de prince, malgré ma naissance
presque royale. Ma mère s'est ensevelie
dans un couvent, mon père est un grand
roi qui m'a toujours regardé d'un œil de
colère. Je suis seul au monde, sous la me-
nace perpétuelle des embûches de mes
ennemis!... Me refusera-t-on la consola-
tion de mettre mon avenir dans les mains
de la femme que j'ai choisie?

— Est-il possible que vous ayez pensé

réellement à épouser la fille du comte de Chantemerle?

— Puisque je l'aime, répondit le prince avec une noble candeur, puisque nous nous aimons.

— Cette union, mon cher enfant, ne peut avoir lieu, par les raisons que vous connaissez ; c'est un rêve de votre cœur.

— J'espère bien que ce rêve sera bientôt un fait accompli! Je l'aime, vous dis-je, et je n'aurai pas d'autre épouse.

— Vous entendrez la voix de la sagesse ; vous vous soumettrez aux lois sociales et politiques, car jamais le roi ne consentira à ce mariage, si votre vénérée mère y consentait. M. de Chantemerle n'y consentira pas davantage...

— Comme appartenant à la religion prétendue réformée?... Mais si mademoiselle de Chantemerle se convertissait...

— Vous ne ferez pas cette mauvaise action de pousser une fille mineure à quitter la religion de son père !

— Assurément, je ne ferai rien pour cela, mais puis-je empêcher qu'elle prenne ce parti...

— Ce que vous ferez, ce que vous devez

faire, c'est de remettre cette jeune demoiselle sous le pouvoir paternel ?

— Vous oubliez que M. le comte de Chantemerle est proscrit et fugitif, condamné à mort par contumace, caché sous un toit étranger, exposé à tous les périls ! Vous oubliez que sa fille, évadée du couvent de l'Ave-Maria, où on la retenait contre sa volonté et celle de son père, est soigneusement recherchée par la police...

— Il est vrai ! dit le prêtre, qui se consultait tout bas et ne savait que résoudre. C'est vous qui l'avez enlevée ?

— Enlevée ?... N'attachez pas à ce mot

le sens fâcheux qu'on lui donne d'ordinaire. Le hasard a voulu que je me trouvasse en état de rendre service à cette demoiselle, en aidant à sa fuite et en lui procurant une retraite.

— Ainsi, elle est aujourd'hui entre vos mains, à votre merci ?...

— Elle est sous ma protection, et, j'ose le dire, sous ma tutelle, en l'absence de son père.

— Mon fils, je vois avec admiration, avec bonheur, que vous vous êtes conduit en honnête homme et en prince !

Le bruit d'une altercation s'élevait à la

porte en dehors de la chambre : la voix de Moufle alternait avec celle de M. de Périgny ; celle-ci, aigre, cassante et calme ; celle-là, vive, inégale, entrecoupée.

— Son Altesse n'est point encore partie, disait Moufle : il faut que je lui parle à l'instant !

— Vous n'entrerez pas céans, je vous jure, répondait M. de Périgny avec autorité, car j'ai des ordres et des pouvoirs particuliers. Je suis seul, désormais, en service permanent auprès de la personne du prince.

— Je vous prie, monsieur, de ne pas

vous opposer davantage à ce que je voie
Son Altesse...

— Moi, je vous invite, monsieur, à ne
pas insister davantage contre les ordres
précis de Son Altesse.

— Faut-il vous le dire, monsieur? je
suis chargé d'une commission toute spéciale...

— Sur ma foi! monsieur, vous me for-
cerez à vous faire arrêter, comme voulant
user de violence!

— Je respecte les instructions que Son
Altesse vous a données, mais je ferai res-
pecter aussi celles que j'ai reçues!

Le débat devenait, à chaque instant, plus vif et plus envenimé. M. de Périgny et Moufle étaient sur le point d'en venir aux mains et de lutter corps à corps, l'un persistant à pénétrer dans la chambre du prince, l'autre s'obstinant à en défendre l'entrée.

L'abbé Cornouaille avait fait signe au comte de Vermandois de se relever, pendant qu'il prononçait sur lui les prières de l'absolution, auxquelles le pénitent s'unissait en pensée avec une pieuse ferveur.

— Mon fils, allez en paix, lui dit le prêtre, et que le Seigneur soit avec vous!

— Hola! que se passe-t-il donc? demanda, d'un ton d'autorité, le prince, en allant vers la porte.

— Monseigneur! dit M. de Périgny, ouvrant cette porte, et paraissant le premier : on me fait violence!

— Monseigneur! dit Moufle, entrant avec le sous-gouverneur : je craignais que vous ne fussiez déjà loin.

— Quelles nouvelles? reprit le prince qui entraîna le valet de chambre dans un coin de l'appartement.

— On pleure encore, monseigneur; mais on se calmera, on se résignera bientôt, si vous promettez d'écrire...

— Ne l'avais-je pas promis? avais-je besoin de le promettre?

— Vous écrirez tous les jours, monseigneur?

— Tous les jours ? Je le voudrais bien
assurément, mais je crains fort de n'être
pas libre de le faire en cachette. C'est à
toi que j'écrirai, Moufle, et le plus souvent
qu'il pourra se faire.

— Voilà de quoi tranquilliser un peu
cette pauvre personne, monseigneur, et
je m'en vais lui rapporter cette consola-
tion de votre part. N'appréhendez-vous
pas que quelqu'un ne se mêle d'ouvrir vos
lettres?...

— Qui donc l'oserait? s'écria le comte
de Vermandois. Les vôtres, peut - être,
Moufle...

— C'est pour cette cause que j'ai voulu
vous voir avant votre départ, afin de con-
venir d'un chiffre...

— Il n'est pas nécessaire. Évitons seulement de nommer personne dans ces cor-
respondances, et si, d'aventure, elles tombaient sous les yeux de quelque malinten-
tionné, on serait fort en peine de savoir à
qui s'adressent mes lettres... Moufle, ajouta-t-il en lui prenant la main, je te laisse en
garde ce que j'ai de plus cher au monde !

— Ah ! monseigneur ! dit le valet de

chambre ému jusqu'aux larmes : je serais
le plus malheureux des hommes si je ne
répondais pas à la confiance dont vous
daignez m'honorer !

— En faut-il croire mes yeux ? disait à
part lui le sieur de Périgny, qui obser-
vait avec anxiété tous les mouvements du
prince : il a touché la main de ce valet !...
Quel trafic secret peut-il exister entre eux ?

— Monsieur l'abbé, dit le comte de Vermandois en se rapprochant de son confesseur et en échangeant avec lui un signe
d'intelligence, je ne manquerai pas de
vous écrire demain de Versailles, avant de
partir pour l'armée, et je vous manderai
quand vous pourrez me rejoindre.

— Je suis à la disposition de Votre Altesse, répondit l'abbé Cornouaille en s'inclinant.

— Votre Altesse n'écrira-t-elle pas également à M. le marquis de Monchevreuil,
qui doit revenir ici demain? dit M. de
Périgny, qui marchait derrière le prince,
en remarquant avec dépit que Moufle le
suivait aussi.

— Monseigneur, dit à voix basse le valet de chambre en se penchant vers son
maître, voici ce qu'on m'a prié de vous
remettre.

C'était le bouquet de violettes, déjà un

peu fanées, que Louise de Chantemerle
avait jeté par la fenêtre à Louis Breton, et
que celui-ci ne savait pas avoir oublié à
l'Ermitage de la Madeleine.

VI

Les voyageurs nocturnes.

Deux cavaliers, voyageant côte à côte sur la grande route de Paris à Fontainebleau, se dirigeaient lentement vers cette dernière ville.

Leus chevaux paraissaient fatigués à la

suite d'une longue traite, pendant laquelle ils n'avaient pas toujours marché d'un pas aussi somnolent.

Ils étaient arrivés au pied de la colline sablonneuse, qui commence à la sortie de Chailly et qui continue à s'élever, dans un espace de plus d'une lieue, à travers la forêt.

Le village de Chailly, que les deux voyageurs venaient de traverser, reposait sans lumière et sans bruit ; car il était environ dix heures du soir.

Aucun rayon de lune, aucune clarté d'étoiles, ne perçait la profondeur des ténèbres qui enveloppaient la campagne ; les masses noires des bois semblaient fermer l'horizon de toutes parts, et l'œil le plus attentif avait peine à distinguer la chaussée qu'il fallait suivre pour ne pas s'embourber dans des fondrières, ou se jeter dans des ravins escarpés.

Les deux voyageurs étaient vêtus de même en apparence, c'est-à-dire coiffés de grands chapeaux à bords rabattus qui leur cachaient entièrement le visage et couverts d'amples manteaux qui flottaient autour de la selle de leur monture.

Mais il y avait entre eux une dissemblance qu'on remarquait à première vue :

l'un était de la taille la plus exiguë et la
plus fluette ; l'autre était un véritable co-
losse par sa taille comme par sa corpu-
lence ; celui-ci ne pouvait être qu'un
homme ; l'autre était une femme.

— Monsieur de Manicamp ? disait celle-
ci qui regardait souvent derrière elle, le
chevalier de Lorraine se sera certainement égaré en route, à moins qu'il n'ait
été surpris par des voleurs.

— J'en serais fort désappointé, reprit le
second cavalier, car on ne nous recevra
pas sans lui au château.

— Il eût mieux valu éveiller quelqu'un

dans le village où nous avons passé tout à
l'heure et demander un gîte pour la nuit.

— Çà, ma mie, je tiens à demeurer dans
les bonnes grâces de monseigneur, et je
ne veux pas qu'on puisse lui rapporter que
nous étions seuls, vous et moi, dans une
chambre d'auberge.

— Quoi ! le fameux Manicamp, s'écria-
t-elle en riant, est devenu timide!

— Riez tant qu'il vous plaira, la belle,
mais monseigneur le Dauphin serait volontiers jaloux de son ombre.

— Il n'est pourtant pas jaloux de Raisin,

ce me semble, puisqu'il me l'a fait épouser.

— Le moyen d'être jaloux de Raisin !
un Pygmée, un avorton, un petit masque.

— N'en dites pas tant de mal, messire
de l'Hercule ? Raisin a du bon, je vous assure, quoiqu'il n'ait pas, comme vous, la
tête perchée à six pieds de ses talons, quoiqu'il ne mange pas la moitié d'un bœuf à
son souper ainsi que Votre Grandeur, et
qu'il ne boive pas une tonne de vin à ses
ordinaires.

— Grand bien vous fasse, madame Raisin ! répliqua le géant, avec un ricane-

ment goguenard. Vous vous chargerez de
lui faire une belle tête, à ce mari de comédie !

— Méchant que vous êtes ! vous vous
payez vous-même du service que vous me
rendez !

— Oui dà ! ma pauvre Fanchon, repartit le soudard en riant plus fort, il ne faut
pas s'étonner si vous avez l'humeur rogue,
car on vous fait faire là une plaisante nuit
de noces !

—Tu auras beau dire, Manicamp, tu
ne me feras point oublier que je te dois
de n'avoir point aujourd'hui passé par les

verges, morgué ! J'en ai encore la chair de
poule de penser que j'allais être fouettée,
devant les chandelles du théâtre, par nos
seigneurs les mousquetaires du roi.

— Cela vous apprendra, ma mie, à mo-
dérer votre langue une autre fois et à ne
plus vous jouer aux mousquetaires.

— Ce sont des marauds et des malo-
trus !

— Parlez-en à votre aise, ma mie, puisqu'ils ne sont pas là pour vous entendre,
et que je ne leur rapporterai pas la façon
dont vous les traitez.

— Je les ferai casser par monseigneur, ,
ces maroufles qui fouettent les femmes !

— Savez-vous que si j'eusse été moins
votre ami et moins dévoué à monseigneur,
je me serais déchaîné comme eux contre
vous, à cause des belles injures que vous
leur jetiez à la face ?

— A-t-on vu jamais cent vingt ivrognes
envahir le parterrre de la Comédie, pour
vilipender une comédienne ?

— Ils n'étaient venus que pour célébrer
votre mariage par un furieux charivari.

— De quoi se mêlent-ils, ces béjaunes,
et qu'avaient-ils à voir dans mon mariage ?

— Ils n'ont fait, au reste, que ce qu'on

fait tous les jours à Paris et partout quand
une mignonne épouse son coquâtre.

— Pourquoi coquâtre, s'il vous plaît ?

— Nous dirons coquebin, si le mot vous
agrée mieux. Vous avez épousé, ce matin,
ce pauvre diable de Jean-Baptiste Raisin...

— Je vous conseille de le plaindre !
n'est-il pas trop heureux de l'honneur qu'on
lui a fait ?

— C'est monseigneur qui l'a voulu, je
le sais ; autrement, Raisin n'eût jamais
pris le chapeau de marié.

— Voyez ça, le tort que ce chapeau-là

peut lui faire! En jouera-t-il moins agréa-
blement ses rôles à manteau? Aurait-il
moins bon air sous la casaque de Merlin
et de Sganarelle?

— Bien au contraire, ces épousailles
font de lui un personnage, puisque monseigneur a mis la cloche en branle.

— Quel carillon! le curé de Saint-
Eustache a bien fait les choses, et, sar-
pejeu! nous avions assez de cloches dans
les oreilles pour être exemptés du charivari.

— Ces enragés mousquetaires étaient
venus avec des poêles à frire, des lèche-
frites, des grils et des chaudrons!

— La faute en est à Raisin qui a exigé que je parusse en scène le propre jour de mes noces...

— Parce que ce jour-là ressemblait pour lui à tous les jours précédents.

« — Ma femme, m'a-t-il dit à ce propos, voilà tantôt trois ans que nous avions débuté ensemble dans la comédie du mariage, sans mettre le nom de cette comédie-là sur l'affiche. »

— C'était tout comme la *Comédie sans titre* de M. Boursault, dans laquelle Raisin et vous, ma belle Fanchon, vous faites une si galante figure.

— Je voudrais voir la figure que fait Raisin à cette heure !

— M'est avis que les mousquetaires l'auront fustigé à votre place sur la scène, en raison du principe de la communauté conjugale... Ouais ! j'ai la langue qui me colle au palais faute de boire.

— Et moi, qui n'ai pas soupé, j'entends mes entrailles qui chantent le *De profundis*.

En causant de la sorte avec beaucoup d'entrain et de gaîté, les deux interlocuteurs, qui étaient d'anciennes connaissances, oubliaient la longueur et la fatigue du chemin.

Ils se trouvaient en pleine forêt, dans l'obscurité épaisse que projetaient sur la route les arbres séculaires dont elle était bordée de chaque côté.

Ils n'avaient pas pris garde au roulement cahoté d'un carrosse qui montait la côte derrière eux, et qui s'approchait de plus en plus.

— Pour cette fois, dit Manicamp, qui retint par la bride le cheval de sa compagne de voyage, pour cette fois, voici notre chevalier qui s'en vient avec monseigneur le Dauphin.

— Où prenez-vous le Dauphin? où voyez-vous le chevalier de Lorraine?

— Ce n'est encore qu'une supposition, mais elle peut se faire, puisque j'entends un carrosse.

— Je vous atteste, mon compère, que M. le Dauphin ne consentirait pas à se déranger de son sommeil, fût-ce pour me sauver la vie! Il est trop paresseux, trop personnel et trop ami de son repos.

— Vous le connaissez mieux que moi... On raconte pourtant que, dans vos séjours à Meudon et à Fontainebleau, il s'en allait seul vous visiter la nuit, en héros de roman, lorsque tout le monde dormait au château.

— En effet, il est venu ainsi quelquefois

pour me faire danser des sarabandes et m'entendre chanter des airs de musique galante.

— C'est là un merveilleux amour de la musique et de la danse !

— Il n'aime rien tant que cela, je vous assure ! Mais il a grand' peur qu'on le sache.

— On dit aussi que le roi en a été ins-truit, et qu'il s'est fort courroucé contre monseigneur.

—- Et monseigneur, pour faire voir qu'il ne se souciait plus du roi, m'a fait épouser

Raisin, qui était mon mari de théâtre depuis plus de trois ans.

— Ce qui a été cause du charivari que les mousquetaires voulaient vous donner tantôt en plein spectacle.

— Les mousquetaires ont pensé faire plaisir à quelqu'un en me faisant de la peine.

— A qui donc auraient-ils fait plaisir avec leur infernal charivari ?

— Eh ! vraiment, à toutes mes honnêtes camarades, à la Molière, à la Guyot, à la Poisson...

— Voilà ce que c'est que de se marier, comme une fille de qualité, à la barbe de tout le monde... Tête-bleu ! quelle soif ! Je suis mort si le chevalier n'apporte pas les clés de la cave !

Le carrosse dont les lanternes allumées luisaient dans l'ombre comme deux feux follets au-dessus des marécages, était enfin à portée de la voix, lorsque le fameux Manicamp se mit à répéter de toute sa force : *A boire ! à boire ! à boire !*

Les échos de la forêt en gémirent, et tous les oiseaux de nuit, qui perchaient aux environs, s'envolèrent effrayés en battant des ailes ; quelques-uns, avec des cris plaintifs et lugubres.

Alors, un signal bachique, qui partait du carrosse, répondit à cette retentissante invocation de buveur.

C'était le tintement des verres qui se choquaient, et deux voix avinées enton-nèrent ensemble une chanson de table sur un mode grave et presque religieux.

Manicamp et la Raisin avaient reconnu les voix et la chanson ; ils voulurent faire chacun leur partie dans ce concert im-provisé, auquel le silence des bois prêtait quelque chose de mélancolique et de so-lennel.

Voici quelles étaient les paroles de cet air à boire :

> Le vin fait que les années
> Nous durent moins que les journées.

> Oui, Tircis, c'est le vin qui nous fait rajeunir,
>   Et qui bannit de nos pensées
>   Le regret des choses passées
>   Et la crainte de l'avenir.

Les deux cavaliers avaient arrêté leurs chevaux, pour attendre le carrosse qui les eut bientôt rejoints.

D'une des portières de la voiture, on voyait sortir deux mains avec deux verres remplis de vin d'Espagne.

Manicamp ne se contenta pas de saisir le verre qui lui était destiné: il vida presque en même temps le second verre, dont la Raisin s'était emparée pour le lui présenter, et il tendit aussitôt ses deux verres vides, afin qu'on les remplît de nou-

veau, ce qui eut lieu trois ou quatre fois
de suite, sans qu'un seul mot s'échangeât
entre le buveur et ses échansons invi-
sibles.

— Par la mordieu! s'écria le chevalier
de Lorraine, ouvrant la portière et mettant pied à terre : prends la bouteille et
bois à même le goulot, ce sera plus tôt
fait pour toi et moins fatigant pour
nous.

— Merci, frère dit Manicamp, qui n'é-
tait pas descendu de cheval.

— Comment se porte notre belle Fanchon? dit à son tour le chevalier de Til-

ladet, qui ne se sentait point assez solide
sur ses jambes pour s'aventurer hors du
carrosse.

— Tiens! c'est mon ivrogne de Tilladet,
répliqua la Raisin. Y a-t-il encore quelqu'un là-dedans?

— Rien qu'un pauvre diable de Templier, qui dort après boire, reprit le chevalier de Lorraine.

— Lequel? demanda la comédienne.

— C'est mon frère, le comte de Marsan,
grand joueur, mais petit buveur. Nous
avions encore le marquis de Biran, le duc

de Grammont et d'autres qui sont restés en route.

— C'est tout un coche! dit gaîment la Raisin. Et Monseigneur?

— Il était retourné à Versailles, au lieu de coucher au Louvre, comme il l'avait annoncé, en l'honneur de votre première nuit de noces.

— Ainsi, M. le Dauphin n'est point averti de l'insolence inouïe dont j'ai été victime?

— Je lui ai tout aussitôt expédié un courrier pour lui faire savoir que je vous

emmenais à Fontainebleau, afin d'y passer cette nuit de noces, sans Raisin, bien
entendu.

— Mais lui avez-vous dit que j'enten-
dais que tous les mousquetaires qui ont
fait ce scandale, fussent cassés, sinon en-
voyés aux galères ?

— J'ai dit, madame, tout ce que je devais dire et M. le Dauphin sera demain à
Fontainebleau, pour l'amour de vos beaux
yeux, tigresse !

— Eh ! comment les choses se sont-
elles terminées, à la Comédie, après mon
départ ?

— A merveille! On a failli brûler le théâtre, et l'on a emmené Raisin en prison.

— Mais ce pauvre garçon était innocent de toute cette affaire!... Un époux qui passe en prison la nuit de ses noces !

— Il n'en dormira que mieux. C'est aussi sa faute. Pourquoi s'est-il mis à haranguer les mousquetaires? Comme si des mousquetaires écoutaient une harangue! On l'a pris par les bras et par les jambes; on l'a déposé sur un tapis, dont quatre robustes gaillards tenaient les quatre coins, et on l'a fait sauter là-dedans comme une omelette dans la poêle. Les archers sont venus enfin, qui l'ont délivré et qui l'ont conduit au Fort-l'Évêque.

— Morgué! s'écria la Raisin, moitié riant, moitié indignée : on ne pourra donc plus se marier impunément à Paris!... C'était, je le vois bien, un complot abominable contre nous?

— Cela ressemble fort à un complot, il est vrai, reprit machinalement le chevalier de Lorraine. Mais qui peut l'avoir tramé ce complot?

— Ce n'est pas moi, certainement, ni vous non plus, ni mon cocher, ni l'empereur de la Chine...

— Pas de folie, chevalier ! Dites-moi plutôt tout franc ce que vous savez de l'auteur de ce complot ?

— Ce sera, si vous voulez absolument qu'il y ait eu complot, ce sera le comte de Vermandois...

— Le comte de Vermandois !... l'aîné des bâtards du roi ?..... Quelle bouffonnerie !...

— Il y a du beau parfois dans les bouffonneries. Au reste ! pensez-en ce qu'il vous plaira, et n'oubliez pas d'en parler à Monseigneur.

— Le comte de Vermandois !... répétait

Fanchon, intriguée et contrariée, en se
parlant à elle-même. Que lui ai-je fait?...
Il ne me connaît pas!... Je ne l'ai vu, lui,
qu'une seule fois... Il est même fort beau
et bien fait!...

— Que sais-je?... Il aura imaginé de
causer ce déplaisir à Monseigneur, qu'il
n'aime guère... Comprenez-vous maintenant l'objet de cette conspiration?... On
avait donné le mot aux mousquetaires, et,
sous prétexte d'un charivari, on se pro-
posait de vous faire affront, de vous déshonorer...

— Ah! dit elle avec amertume : ce n'est
point là le fait d'un gentilhomme, encore
moins d'un prince!

— Vous ne doutez plus de la machina-
tion ? reprit le chevalier, réjoui du succès
de sa méchanceté. Le comte de Vermandois
fait agir à son gré les mousquetaires,
puisqu'il s'en va les commander à l'armée.
Oh! ce prince-là ne manque pas de malice, car il tient de son père, M. de Lau-
zun... Vous êtes convaincue, n'est-ce pas?
Par la mordieu! cet enragé comte de Vermandois devait être caché en quelque
loge, pour voir de quel air vous recevriez
le fouet en pleine Comédie.

— Je me vengerai! dit-elle, d'une voix
étouffée et frémissante.

— Si je n'étais accouru avec mes Templiers, ma mie, vous eussiez été copieu-

sement fouettée !... Vous n'omettrez pas de dire à Monseigneur, que ce sont mes braves Templiers qui vous ont tirée des mains de vos bourreaux.

— Assez sur ce chapitre, chevalier, interrompit la Raisin. Pressons-nous d'arriver à Fontainebleau.

Le fameux Manicamp avait mis à sec la bouteille à large ventre, dont il s'était armé.

Il la jeta loin de lui, comme une chose inutile, et elle se brisa en pièces sur le pavé de la route.

— Manicamp a bu le coup de l'étrier, partons ! dit le chevalier de Lorraine.

— C'est assez chevaucher, la belle! dit Manicamp.

Et, sans descendre de cheval, il enleva Fanchon de dessus sa selle et la déposa entre les bras du chevalier, qui la porta dans le carrosse, sans qu'elle eût touché terre. Un laquais sauta sur le cheval que la Raisin venait de laisser libre, et le chevalier de Lorraine, avant de remonter en carrosse, donna des ordres à son cocher. Puis, la voiture se remit à rouler, escortée par Manicamp et le laquais qui devisaient familièrement ensemble, comme deux ivrognes qu'ils étaient.

Fanchon n'avait pas prononcé une pa-

role, depuis qu'elle était entrée dans la
voiture, où ne s'éveillèrent pas pour lui
faire accueil les deux Templiers qui cu-
vaient leur sommeil bachique, de Tilladet
s'était endormi aussi profondément que
le comte de Marsan, pendant l'entretien
de la Raisin avec le chevalier de Lorraine,
et le monologue de Manicamp avec sa
bouteille.

— Vous n'êtes pas de trop belle humeur, Fanchon? lui dit le chevalier de
Lorraine, qui n'avait obtenu d'elle que
des réponses brèves et maussades. Je prie
Dieu que ce ne soit pas tous les jours
votre nuit de noces!

— Êtes-vous certain, reprit-elle en

suivant le cours de ses idées, que le comte de Vermandois ne loge plus au château?

— Que diantre voulez-vous faire du comte de Vermandois, ma chère?

— Je vous demande seulement si vous savez qu'il soit encore à Fontainebleau?

— Je ne m'en soucie point, par la mordieu! Mais, en tous cas, qu'il y soit ou non, il dort, à cette heure, d'un bon somme, et il ne songe pas, sans doute, qu'une jolie fille s'occupe de lui!

— Oui-dà! je n'aurai pas d'autre occupation jusqu'à ce que je me sois bien vengée.

Elle retomba dans sa rêverie taciturne, et ne retrouva son enjouement ordinaire qu'à l'entrée du carrosse dans la cour des Écuries du château.

— Holà ! mes chevaliers, dit-elle d'un ton leste et badin, en frappant sur les genoux des dormeurs : éveillons-nous !... Puisque je suis veuve pour ma nuit de noces, je vous invite tous à souper.

Le mot de souper produisit un effet magique sur les deux dormeurs, qui s'éveillèrent à la fois, un peu étourdis par les fumées du vin qu'ils avaient bu.

Ils retrouvèrent assez de présence d'esprit pour se lever tant bien que mal, pour sortir du carrosse et pour se tenir debout, vis-à-vis de la reine du festin annoncé qu'ils ne voyaient pas encore paraître.

— Nous irons tout droit à votre appartement, dit le chevalier de Lorraine à la Raisin ; c'est le lieu le plus propice à faire la débauche : nous ne troublerons personne, et personne ne nous troublera.

— Vous êtes sûr, chevalier, reprit-elle, que votre courrier est parti pour Versailles ?

— Et qu'il y est arrivé vers sept heures

du soir, à moins qu'il ne se soit cassé le
cou en route.

— Monseigneur ne viendra donc pas
avant demain, en cas qu'il vienne. Nous
avons toute la nuit à nous, et j'ai tant de
chagrin, tant de honte, tant de dépit de
mon aventure, que je veux l'oublier en
menant gaillarde vie jusqu'à l'aube.

— Mon carrosse renferme tout ce qu'il
faut pour cela : les coffres et les poches
sont remplis de provisions, de charcuterie,
de cochonaille et de vins, que nous em-
portions à ma maison des champs pour un
repas de Templiers, quand le bruit qui se
faisait à la Comédie m'a conseillé de voir
ce que c'était.

— C'est ma bonne étoile qui vous y envoyait.

— Une autre fois, ma chère, avant que
de dire leur fait aux mousquetaires du
roi, vous aurez soin d'avoir près de vous
une garnison d'amis !

— Est-ce ici qu'on soupe? demanda le
chevalier de Tilladet.

— En tous cas, c'est ici qu'on boit? dit
Manicamp, qui avait rencontré sous sa
main une bouteille pleine et qui l'avait
déjà vidée à moitié.

— Je vois bien les bouteilles, dit le

comte de Marsan, mais je ne vois pas la table servie.

— Mes galants chevaliers, repartit la Raisin, souvenez-vous que monseigneur le Dauphin est l'amphitryon où l'on soupe, quoique ce soit moi qui apie le vin et les violons.

— Peste! malpeste! aurons-nous donc des violons? dit Tilladet.

— Pourquoi pas Fagotin et les marionnettes? dit le comte de Marsan.

— Nuit de noces, vin de noces! dit Manicamp entre deux lampées.

Le chevalier de Lorraine, qui avait été chargé d'amener quelquefois la Raisin à Fontainebleau, où le Dauphin la voyait en cachette, était bien connu des portiers de la cour des Cuisines, par laquelle il entrait ordinairement au château avec sa mystérieuse compagne.

Celle-ci, suivant la recommandation expressé du prince, ne devait parler à personne ni se faire reconnaître : aussi, arrivait-elle toujours voilée ou masquée et ne sortait-elle jamais de son appartement.

Le Dauphin, afin de mieux s'assurer de la prudence et de la discrétion de Fanchon, la tenait constamment enfermée dans le local isolé qu'il avait fait disposer à son usage.

Mais, néanmoins, malgré ces précautions on à cause d'elles, la plupart des habitants du château savaient bien que la chasse au loup n'était pas le seul objet des fréquents voyages de Monseigneur à Fontainebleau.

Il y eut donc beaucoup d'empressement parmi les gens de service, que le chevalier de Lorraine avait éveillés pour porter dans l'appartement de Fanchon tout ce qui était nécessaire au souper.

La livrée se persuada que les convives

attendaient le Dauphin, et, dans cette supposition, les portiers refusèrent d'aller se recoucher, tandis que les valets de pied et les palefreniers restaient tous à leurs postes.

L'installation de la Raisin dans son appartement, situé à l'étage le plus élevé d'un bâtiment de la cour du Donjon, ne s'était pas faite sans beaucoup de bruit de pas et de voix dans les galeries, les escaliers et les corridors.

L'abbé Cornouaille, qui logeait dans le même corps de logis, mais à un étage inférieur, avait été troublé au milieu de son sommeil par ce tumulte inusité, dont il ignorait et dont il ne devina pas la cause.

Il se leva et s'habilla sans lumière, fort inquiet et tout ému, car il craignait que ses hôtes, le comte de Chantemerle et le pasteur Jérémie, ne fussent intéressés dans ces continuelles allées et venues, que l'heure avancée de la nuit rendait plus bruyantes et plus inexplicables.

Que se passait-il au château? Telle fut sa préoccupation, qui ne fit que s'aggraver et l'attrister davantage à l'idée des périls qui menaçaient la tête de son frère et de M. le comte de Chantemerle.

Ceux-ci, cependant, ne s'étaient point éveillés comme lui, au mouvement extraordinaire qui se faisait cette nuit-à dans les bâtiments, toujours déserts et silencieux de la cour du Donjon.

L'abbé Cornouaille ouvrit doucement une fenêtre, pour regarder, pour écouter au dehors.

De cette fenêtre, il pouvait voir des lumières monter et descendre dans l'escalier d'une tourelle voisine; il apercevait plusieurs lucarnes vivement éclairées, à la naissance du toit sur les grands combles de l'édifice.

Il entendait, à l'intérieur, des voix d'hommes, auxquelles se mêlait par intervalles une voix de femme, gazouillante et rieuse ; il entendait aussi la vibration métallique d'un instrument à cordes et les bourdonnements sourds d'un tambour de basque.

— O mon Dieu ! se dit-il à lui-même, M. de Vermandois serait-il revenu en cachette pour participer encore à quelque détestable orgie !

Mais les portes se fermèrent : bientôt les lumières disparurent dans les escaliers et les corridors. Les bruits de pas avaient cessé.

Tout était rentré dans le silence et le calme ordinaires, si ce n'est que les fenê–

tres hautes du principal corps de logis de la cour du Donjon restaient illuminées et qu'on distinguait, de moment en moment, le murmure étouffé d'un entretien joyeux, entrecoupé de chants et d'éclats de rire.

VII

Le souper.

L'appartement que le Dauphin avait fait
naguère établir et orner pour la Raisin,
dans les galetas inhabités de la cour du
Donjon, était moins remarquable par sa

distribution spéciale que par sa décoration
accessoire.

Il ne se composait que de trois petites
pièces, assez basses de plafond, commu-
niquant l'une dans l'autre, et n'ayant
qu'une seule issue qui s'ouvrait sur le
dernier palier d'un étroit escalier en li-
maçon.

Cette issue était fermée d'une porte
épaisse, bien garnie de verroux au de-
dans, et protégée par une serrure dont
le Dauphin n'avait jamais confié la clé
qu'au chevalier de Lorraine, lorsque Fanchon occupait cette espèce de cage ou de
prison.

L'ornementation de l'appartement était
sortie tout entière de l'imaginative du chevalier de Lorraine, car le Dauphin eût été
fort en peine d'imaginer quoi que ce fût.

Chacune des trois pièces destinées à la
Raisin avait été consacrée en quelque
sorte à l'un des trois arts que cette habile
virtuose exerçait avec une égale perfec-
tion.

La musique régnait seule dans la première chambre, dont les murs, peints à
la détrempe, étaient couverts de croches
et de doubles croches formant la notation
des plus beaux airs de Cambert, Lully et
Colasse.

La seconde chambre, appartenant à la danse, était tendue d'une tapisserie de haute-lisse, représentant un ballet de nymphes et de satyres.

Dans la troisième chambre, où couchait la déesse du lieu, la tenture n'offrait que des attributs de théâtre, et surtout des masques comiques et tragiques, empruntés à l'ancien théâtre de l'hôtel de Bourgogne, plutôt qu'à l'art scénique des Grecs et des Romains.

L'ameublement de chaque pièce était conforme à sa décoration : ici, les bancs et les armoires figuraient des instruments de musique ; là, les siéges avaient des

pieds de chèvre; les lambris et les con-
soles représentaient des danses, sculptées
en bois doré; enfin, dans le sanctuaire du
théâtre, si le lit avait l'aspect d'un cénota-
phe, si la toilette ressemblait à un autel,
les pliants étaient des trépieds et des
urnes.

Quant aux plafonds, le chevalier de
Lorraine y avait fait peindre les armes du
Dauphin avec des emblêmes et des devises
en son honneur.

La table fut mise dans la chambre de
la danse.

Un maître d'hôtel s'était trouvé là fort à

propos pour dresser le couvert et régler l'ordonnance du souper.

Les cuisines et les offices du château avaient toujours des *en-cas*, préparés pour les personnes de la cour qui pouvaient venir à l'improviste ; le maître d'hôtel put ainsi compléter et servir un succulent repas, où les fruits, les confitures, les pâtisseries accompagnaient les crêmes, les salades et les viandes froides.

Le carrosse du chevalier de Lorraine contenait assez de vin pour verser rasade à une académie de Templiers ; on n'eut donc pas besoin de chercher la clé des caves

— Attendra-t-on que monseigneur soit arrivé? dit au chevalier de Lorraine le maître d'hôtel, qui comptait sur cet ambigu pour se mettre dans les bonnes grâces du Dauphin.

— Mon ami! répondit le chevalier, en le poussant doucement dehors par les épaules; quand monseigneur viendra, il sera temps de couvrir la table une seconde fois, et vous pourrez alors faire votre charge selon l'étiquette de la cour.

—Mon ami! dit à son tour Manicamp en lui frappant sur le ventre avec une brutale familiarité, vous n'oublierez pas de compter les bouteilles vides.

— Mon ami! ajouta le comte de Marsan, en lui tirant les deux oreilles; quand nous aurons perdu les deux bras à la bataille, vous serez le bien-venu pour remplir nos verres.

—Mon ami, dit le chevalier de Tilladet, en lui caressant l'omoplate, c'est un repas de noces, dans lequel on n'a omis rien que l'époux. La mariée vous fait grâce du chaudeau.

—Puisque chacun a dit son mot, je dirai aussi le mien, s'écria la Raisin; mais qu'on s'écarte un peu, s'il vous plaît. Mon ami, reprit-elle en baissant la voix, M. le comte de Vermandois est-il encore au château?

— Madame, répondit respectueusement
le maître d'hôtel, Son Altesse est partie
pour Versailles dans l'après-dînée. Elle
doit se rendre prochainement à l'armée...

— J'en suis fâchée, interrompit-elle, car
je vous eusse prié de l'aller inviter, de ma
part, à souper.

Le chevalier de Lorraine mit fin à ce
colloque en congédiant assez rudement le
pauvre maître d'hôtel, et en fermant sur
lui la porte à double tour et aux verroux.

— Puis il distribua les places aux convives, et fit asseoir à ses côtés la maîtresse

du logis, qui donna l'exemple de la gaîté et de l'appétit à tout le monde.

On avait faim, on avait soif; on mangea, on but beaucoup d'abord, avant de parler et de rire beaucoup.

La conversation vive et gaillarde reprit ses droits quand l'estomac eut établi les siens, en absorbant une énorme quantité de boisson et de nourriture; car l'heure ordinaire du souper était passée depuis longtemps, et personne, à cette époque, ne savait être sobre à ses repas; de plus, il n'y avait pas de plus gros mangeurs ni de meilleurs biberons que des Templiers et une comédienne.

Néanmoins les bons mots, les équivoques, les proverbes galants, amoureux et bachiques, circulaient joyeusement au milieu des verres et des assiettes; les cris, les chansons et les éclats de rire animaient l'entretien, qui s'échangeait en boutades divertissantes, et qui se renouvelait à chaque bouteille.

Fanchon, dont les hauts faits à table avaient laissé de glorieux souvenirs à plus d'une compagnie de plaisir, se montrait cette nuit-là dans toute sa belle humeur; elle n'avait jamais été aussi gaie, aussi spirituelle, aussi pétulante, aussi adorable.

Les Templiers, en la voyant, en l'écoutant, oubliaient qu'ils avaient juré de fuir la société des femmes, pour n'aimer désormais que la bonne chère, le vin et le jeu.

Quand elle eut fait accueil à tous les mets et à tous les vins, elle courut à son épinette, sans que les convives se levassent de table.

Elle se mit à toucher le clavier avec une merveilleuse habileté, tellement que le fameux Manicamp lui-même, qui n'avait des oreilles qu'à jeun, disait-il, restait en extase, son verre plein au bord de ses lèvres, et poussait des soupirs d'admiration.

Les autres cessaient aussi de boire, et demeuraient enivrés sous le charme de cette mélodie.

Les acclamations et les applaudissements rendirent hommage à l'admirable talent de l'artiste, qui avait appris la musique depuis son enfance, chez le père du comédien Raisin, qu'elle venait d'épouser.

Ce maître d'épinette n'était qu'un simple organiste de Troyes en Champagne ; mais cet organiste avait fait, de son fils et de Fanchon, deux exécutants consommés, qui parurent ensemble à la cour avec succès, comme musiciens, avant de débuter, comme acteurs, dans la troupe de l'hôtel de Bourgogne, avec laquelle ils avaient passé au théâtre de l'hôtel Guénégaud, où ils jouaient, depuis trois ans, les premiers rôles tragiques et comiques.

Électrisée par les bravos autant que par le vin qu'elle avait bu à souper, la Raisin quitta son épinette pour prendre un tambour de basque, qu'elle fit retentir sous ses doigts agiles, en chantant des airs de théâtre.

Puis, le chant et la musique l'exaltant de plus en plus, elle agita les grelots de son tambour de basque, et sonna un air de danse bohémien, dont la mesure vive et brillante accompagnait en cadence ses

pas capricieux, ses bonds énergiques, ses
voltes rapides et les figures lascives d'une
pantomime amoureuse.

Elle dansa pendant plus de vingt minutes avec une sorte de frénésie, en faisant
le tour de la salle et frappant son tambour
de basque avec ses genoux, ses coudes,
ses pieds et sa tête, comme si c'eût été avec
ses mains.

Lorsqu'elle dansait ainsi sur le théâtre,
dans les divertissements de la comédie, le
public du parterre retenait son haleine et
comprimait son enthousiasme jusqu'à la
fin de cette danse voluptueuse, après laquelle il éclatait en transports bruyants,
en applaudissements prolongés.

Mais les convives n'attendirent pas que la danseuse eût achevé son ballet pour lui exprimer leur reconnaissance par des élo-, ges, des clameurs et des bravos confus qui excitaient davantage l'ardeur badine de Fanchon.

La danse finie, tous les assistants atta-quèrent à la fois, non sans détonner à qui mieux mieux, le chœur des masques dans le divertissement de *Monsieur de Pourceau-gnac :*

> Ne songeous qu'à nous réjouir ;
> La grande affaire est le plaisir.

La Raisin avait fait sa partie dans ce chœur, qui se composait de plusieurs re-prises très heureuses, en différents tons, et qui formait un des plus brillants motifs de la musique des intermèdes de Lully.

Dès que les masques eurent fini d'écorcher ce morceau, elle voulut continuer la scène et elle chanta seule, en faisant tourner son tambour de basque sur le bout du doigt, ce couplet que Molière a mis dans la bouche d'une Égyptienne :

> A me suivre tous ici,
> Votre ardeur est non commune,
> Et vous êtes en souci
> De votre bonne fortune :
> Soyez toujours amoureux,
> C'est le moyen d'être heureux !

— Pas du tout! s'écria le chevalier de Lorraine, qui répéta les deux derniers vers du couplet en les modifiant :

> Ne soyez point amoureux,
> C'est le moyen d'être heureux !

— Il n'y a de bon au monde que le vin et le jeu! dit Manicamp, en donnant un coup de poing sur la table.

— Messieurs, dit Tilladet, la politesse veut que nous ne soyons pas ici des Templiers.

— Frères! dit le comte de Marsan, soyons, au contraire, de francs Templiers, et buvons à la gloire de Fanchon qui célèbre à table la première nuit de ses noces.

Tout à coup, on entendit au dehors une voix lente et monotone qui psalmodiait sur un mode aussi lugubre que solennel.

Les convives s'arrêtèrent et se turent

pour suivre ce chant d'Église, qu'on ne
distinguait pas dans toutes ses intonations,
les fenêtres étant fermées, mais qui semblait monter des étages inférieurs du bâtiment.

Cette mélodie religieuse, d'un caractère
triste et lamentable, avait impressionné
péniblement les auditeurs qui l'écoutaient
encore, après qu'elle eut cessé.

— Qu'est-ce cela? dit le chevalier de
Lorraine, en éclatant de rire. Je ne croyais
pas qu'il y eût des moines chantant ma-
tines dans les châteaux du roi !

—Je reconnais la chanson, reprit le

chevalier de Tilladet ; ce sont des Huguenots qui chantent la messe.

— Bon ! s'écria le comte de Marsan, il n'y a pas de Huguenots dans un château royal !

— Frères ! répliqua le fameux Manicamp, fût-ce le diable, je suis d'avis de lui rendre sa politesse, en lui chantant quelque terrible musique des Templiers.

La Raisin restait soucieuse, étonnée : elle jeta son tambour de basque et alla ouvrir la croisée. On n'entendait plus rien dans la cour du Donjon, ni chant, ni voix, ni mouvement.

Le vent froid et humide de la nuit pénétrait dans la salle du souper et rafraîchissait l'air épais et lourd qu'on y respirait, tout chargé d'odeurs de cuisine et de vin, auxquelles se mêlaient un âcre parfum d'ambre et de musc.

En face de cette fenêtre ouverte, on voyait à travers les barreaux de fer qui la garnissaient comme celle d'une prison, l'horizon fermé de toutes parts par l'ombre opaque de la forêt, au-dessus de laquelle s'éclaircissait le fond du ciel, annonçant déjà les approches de l'aurore.

La Raisin écoutait et regardait, le front collé aux barreaux.

— Par la mordieu ! dit le chevalier de Lorraine , avec un accent goguenard : Fanchon dit ses patenôtres !

— Que maudit soit ce chanteur au lutrin ! s'écria le comte de Marsan. Il nous a ôté notre bonne humeur, en suspendant la musique et la danse de l'Égyptienne !

— Fanchon, ma mie ! reprit le chevalier, qui était meilleur musicien que les autres : achevons, s'il vous plaît, notre intermède de *Monsieur de Pourceaugnac*. Je suis homme à chanter le rôle de l'Égyptien, si vous chantez jusqu'au bout celui de l'Égyptienne.

— Le chœur des masques pour nous remettre en train ! dit Tilladet, qui répéta ces deux vers, en passant du fausset à la basse-contre, et en brouillant les tons ainsi que les mesures :

Ne songeons qu'à nous réjouir ;
La grande affaire est le plaisir.

La reprise finale du chœur n'était pas encore entamée, que la voix psalmodiante, qu'on avait déjà entendue, s'éleva d'en bas avec plus de force que la première fois.

. La fenêtre étant ouverte, l'oreille saisissait parfaitement les paroles de ce chant plaintif, d'autant mieux que le psalmodiste invisible les prononçait d'une voix claire et distincte.

Ces paroles étaient une traduction assez méconnaissable du psaume de David : *De Profundis ad te clamavi, Domine ;* mais l'air mélancolique, qui les soutenait, en indiquait bien l'origine protestante :

> Au fort de ma détresse,
> Dans mes profonds ennuis,
> A toi seul je m'adresse
> Et les jours et les nuits.
> Grand Dieu ! prête l'oreille
> A mes cris éclatants ;
> Que ma voix te réveille :
> Seigneur. il en est temps !

— Par la mordieu ! cria le chevalier de Lorraine, en s'approchant de la fenêtre : aurez-vous bientôt fini de porter les morts en terre ?

— Vous avez raison! dit la Raisin, qui regardait toujours dans la cour du Donjon; il y a un mort au-dessous de nous.

— Quand il y en aurait cent, repartit le chevalier, ce n'est pas un motif pour faire mourir les vivants avec cette musique de funérailles. J'imagine plutôt que quelqu'un s'amuse à nos dépens.

— On nous donne une sérénade, dit le comte de Marsan; le mieux est de la rendre à notre manière.

— Sans doute, ajouta le chevalier de Tilladet; chantez-nous votre Égyptien, monsieur de Lorraine?

— Vous m'excuserez, messieurs, dit le chevalier de Lorraine, s'il y a là-dedans un peu plus d'amour qu'il n'en faut : Molière n'avait pas l'honneur d'être Templier.

Et il chanta d'une voix langoureuse le couplet de l'Égyptien :

Aimons jusques au trépas !
La raison nous y convie.
Hélas ! si l'on n'aimait pas,
Que serait-ce de la vie ?
Ah ! perdons plutôt le jour,
Que de perdre notre amour !

Aussitôt, la voix d'en bas qui s'était tue, reprit avec énergie une autre psalmodie, plus animée et plus éclatante que la précédente.

Une seconde voix, partant du même point, s'unissait, par moments, à la première, et marquait le rhythme avec des notes graves et retentissantes.

Voici quelles étaient les paroles de ce nouveau chant religieux :

Leur bouche ose bien jusqu'au ciel
Porter son venin ou son fiel,
Et leur langue légère et vaine
Par tout le monde se promène !
Cependant, le Juste en souci
Est comme noyé dans ses pleurs ;
Et, dans l'excès de ses douleurs,
On l'entend qui se plaint ainsi !

— Il est certain qu'on se veut moquer de nous ! dit Fanchon irritée qui alla décrocher une guitare pendue à la tapisserie.

— Ce sont assurément des huguenots,

reprit Tilladet ; je me souviens d'avoir ouï leurs psaumes au temple de Charenton et je reconnais bien là leur damnée musique.

— Ils chanteraient moins haut, dit le chevalier de Lorraine, s'ils dansaient une gigue à la potence.

La Raisin tira quelques accords de son instrument pour le mettre au diapason de sa voix, qu'elle déploya en brillantes fantaisies et qu'elle s'efforça de rendre plus passionnée et plus expressive que jamais, dans l'exécution d'un madrigal, composé par la comtesse de La Suze et mis en musique par le marquis de Sourdeac.

Quoi ! vous me demandez qui sera mon Tircis ?
Pouvez-vous en douter ? Vous seul le devez être !
Oui, si j'ai de l'amour, vous seul l'avez fait naître,
Et vous seul avez droit d'être vainqueur d'Iris.

— Cordieu ! interrompit le chevalier de
Lorraine, n'est-ce pas une déclaration que
vous faites aux hérétiques ?

— Si nous leur chantions quelques airs
à boire, dit Tilladet, ils feraient peut être
chorus.

— Je vais, si vous le trouvez bon, s'é-
cria le fameux Manicamp, leur dégoiser
une belle chanson de Templier.

— Silence ! fit la Raisin ; voici qu'on me
répond. Écoutons si c'est de Dieu ou du
diable.

En effet, les deux voix qui chantaient
des psaumes protestants s'étaient mises
enfin à l'unisson, et elles exécutèrent,
avec un ensemble imposant, ce verset du

Psalmiste, dans lequel on remarquait une allusion évidente à la circonstance :

> Tout rit à ces audacieux !
> La graisse leur couvre les yeux,
> Et jamais leurs cœurs ne soupirent!,
> Car ils ont plus qu'ils ne désirent.
> Vivant au gré de leurs souhaits,
> Et suivant leur caprice vain,
> Ils affectent un air hautain
> Et vantent leurs malins projets !

— Vous tairez-vous, méchants oiseaux de nuit : cria de toutes ses forces le chevalier de Lorraine.

— Crécelles de Charenton ! cria le comte de Marsan! oies de Genève! canards de La Rochelle !

— Si vous ne cessez votre musiquaille, reprit le chevalier de Lorraine, j'irai vous mettre en état de faire de jolis élèves pour la chapelle du pape !

— Chantez-nous maintenant, dit Tilladet, chantez-nous *le Branle des Anes* de Calvin ?

— Impies ! infâmes blasphémateurs ! cria d'en bas une voix frémissante et indignée.

—Si vous êtes gentilhomme, cria l'autre voix, plus ferme et plus sonore, je vous défie en combat singulier !

— Par la mordieu ! répliqua le chevalier de Lorraine : il y a donc un gentilhomme parmi ces brailleurs de psaumes ?

— Pas de débats, pas de duel, messieurs,

interrompit Fanchon, grattant les cordes de sa guitare ; je veux, à l'instar d'Orphée, apaiser ces lions enragés !

Et elle chanta sur un air vif et joyeux, ces vers galants de Pélisson :

> Aimez, mais d'un amour couvert
> Qui ne soit jamais sans mystère !
> Ce n'est pas l'amour qui nous perd,
> C'est la manière de le faire !

Tout l'auditoire accueillit par des éclats de rire cette maxime amoureuse, qui ne rencontra pas la même approbation chez les psalmodistes inconnus, et qui provoqua de leur part ce nouveau chant calviniste :

> Répands sur eux ton indignation :
> Qu'ils soient livrés à la juste vengeance !
> Qu'en leur palais où règne l'abondance,
> Ce ne-soit plus que désolation...

Le chant fut tout à coup interrompu, et la fenêtre, d'où il semblait s'élever, se ferma bruyamment.

Les protestants laissaient le champ de bataille à leurs antagonistes et s'avouaient vaincus.

Les vainqueurs proclamèrent leur triomphe par des épigrammes et des invectives, accompagnées d'éclats de rire et de sifflements railleurs.

Le jour commençait à paraître : les nuages se coloraient de teintes jaunes et rouges ; le soleil se levait derrière les arbres.

— Il est temps de se mettre au lit, messieurs, dit la Raisin en refermant elle-même la fenêtre de la salle Je n'ai que

faire de garde-du-corps, lorsque je som-
meille. Retirez-vous, s'il vous plaît, après
avoir fait disparaître les vestiges du souper.

— Il ne reste quasi que des plats net-
toyés et des bouteilles vides, reprit Tilladet. Vous nous laisserez bien dormir dans
un coin, jusqu'à ce qu'il soit l'heure de se
montrer au château?

— Point, messieurs ; le Dauphin n'aurait qu'à venir et à vous trouver céans !

— J'aimerais mieux ne plus boire de
ma vie, que d'être rencontré ici par Monseigneur ! s'écria Manicamp.

Le fameux Manicamp, reprit le chevalier de Lorraine, craint de passer pour un
homme à bonnes fortunes? mais vous pou-

vez dormir tranquille, madame Raisin :
monseigneur n'arrivera point avant midi..

On frappa trois coups à la porte de l'appartement.

Les quatre gentilshommes se regardèrent avec embarras et inquiétude, sans oser bouger ; Fanchon devint pâle et tremblante.

Le chevalier de Lorraine eut bientôt pris son parti : faisant signe à ses compagnons de table de se fier à sa prudence et de se tenir cois, il les enferma dans la chambre où l'on avait soupé, et il passa seul, sans flambeau, dans la première pièce qui servait d'antichambre, afin d'observer et de savoir pourquoi on avait frappé ainsi.

On frappa de nouveau, et, cette fois, en répétant d'une voix claire et vibrante : *Au nom du roi !*

Le chevalier de Lorraine ne se sentait point assez irréprochable, pour n'avoir rien à redouter de la colère de Louis XIV et de la justice des parlements ; il crut que la chose le regardait personnellement, et, si l'appartement de Fanchon avait eu deux issues, il se serait dérobé, par celle de derrière, aux éventualités d'une mauvaise affaire.

Mais il était dans l'impossibilité de s'enfuir, et il ne voulut pas attendre qu'on arrivât de vive force jusqu'à lui. Il s'arma de tout son sangfroid, et bien déterminé à payer d'audace, il ouvrit la porte.

Il se trouva en présence d'un homme,
que l'obscurité du lieu l'empêcha de reconnaître tout d'abord, mais dont le lan-
gage et la contenance lui eurent bientôt
fait déviner la condition.

C'était un huissier à verge du Châtelet
de Paris.

Cet officier de justice, aux formes humbles et obséquieuses, n'avait point fait un
pas pour pénétrer dans l'appartement : il
restait debout, la tête découverte et le dos
courbé sur le seuil de la porte, qu'il n'es-
sayait pas de franchir. Il tenait à la main
un papier déplié.

— Mon bon monsieur! disait-il, d'un
ton respectueux, vous plaît-il de lire ce
papier, au nom du roi?

— Je n'ai que faire de ton papier, répondit le chevalier : garde-le pour tes né-
cessités !

— Mon bon monsieur, c'est un petit exploit auquel vous voudrez bien donner
aide...

— Si nous n'étions pas entre chien et
loup, bonhomme, je te ferais repentir de
ton insolence... Sais-tu bien qui je suis,
monsieur le porteur d'exploits ?

— Vous êtes certainement un très honnête seigneur, et j'en suis bien aise. Mais
il s'agit d'une lettre de cachet...

— Délivrée contre quelqu'un sans doute ?
répliqua le chevalier de Lorraine, qui
tremblait d'être lui-même en cause.

— Contre la demoiselle Fanchon Pitel,

dite Longchamps, dite Raisin, comédienne.

— Mon ami, vous jouez là gros jeu! interrompit le chevalier, qui retrouva son audace, en voyant ce dont il s'agissait. La demoiselle Fanchon a de puissants appuis à la cour...

— Il faut pourtant, mon bon monsieur, que je me saisisse de sa personne, où qu'elle soit cachée, aux fins de la conduire à la geôle du For-l'Évêque, comme accusée d'avoir injurié MM. les mousquetaires du roi en public, voire sur le théâtre de MM. les comédiens ordinaires de Sa Majesté.

— Vous me semblez un peu bien osé de venir exercer votre charge dans un château royal!

— Mais, mon bon monsieur, la demoiselle Fanchon Pitel, dite Longchamps,
dite Raisin...

— Vous êtes ici chez monseigneur le
Dauphin, monsieur l'huissier à verge,
sachez-le !

— Chez monseigneur le Dauphin! s'écria
l'officier de justice, interdit et indécis.

— Et je vous invite à baisser le ton, de
peur d'éveiller monseigneur, qui vous
ferait assommer sur place !

L'huissier à verge n'avait pas reculé
d'une semelle, mais il n'osait avancer et
faisait tourner sa baguette entre ses doigts,
en se consultant tout bas, d'un air de chat-
tigre effarouché.

— Quoi ! dit-il mielleusement, monseigneur le Dauphin a recueilli dans son propre appartement la demoiselle Fanchon Pitel, dite Longchamps, dite Raisin, comédienne...

— Dieu me pardonne! ai-je dit monseigneur le Dauphin ! reprit le chevalier de Lorraine, se ravisant et changeant de tactique. Il n'est point céans de monseigneur le Dauphin, par la mordieu !

— Or donc, monsieur, laissez-moi remplir ma charge et arrêter au nom du roi, la demoiselle...

— Il n'est point céans de demoiselle, ne vous déplaise, et vous n'arrêterez personne ici, monsieur l'huissier à verge.

— Voici pourtant le mandat dont je vais vous bâiller lecture : « A tous ceux qui ces présentes verront... »

— Vous avez grand tort de faire tout ce bruit, interrompit te chevalier, car il pourra vous en arriver mal. Ce n'èst pas Monseigneur le Dauphin, mais son frère, M. le comte de Vermandois, qui vous pàiera les frais de l'exploit!

— Je n'ai point affaire à monseigneur le Dauphin, non plus qu'à Son Altesse M. le comte de Vermandois; il ne s'agit que de la demoiselle Fanchon Pitel, dite Longchamps.

— Dite Raisin? répliqua le chevalier, en lui arrachant le papier qu'il tenait. Nous savons cela.

— Ah! monsieur! s'écria l'huissier, essayant à reconquérir son exploit : veuillez me rendre cet instrument!

— Je vais le montrer, s'il vous plaît, à

M. le comte de Vermandois, qui n'est pas
trop l'ami des huissiers à verge, et je vous
rapporterai sa réponse, en cas qu'il m'ordonne de vous assommer très conscien-
cieusement.

— Au nom du roi, mon bon monsieur,
au nom du roi, je dois conduire en prison
la demoiselle Fanchon...

— Pitel, dite Longchamps, dite Raisin.
A votre bon plaisir, monsieur l'huissier à
verge... Mais êtes-vous réellement huissier
à verge du Châtelet de Paris? Comment
avez-vous su venir jusqu'à Fontainebleau?

— Je vous suivais à la piste, mon bon
monsieur; j'étais monté avec M. votre laquais derrière le carrosse...

— Voilà qui est sublime de zèle et de

génie! Vous êtes un homme prodigieux, monsieur l'huissier à verge.

— J'y ai mis toutes sortes d'égards, mon bon monsieur; je suis resté en sentinelle, la nuit durant, et n'ai pas voulu vous déranger de votre plaisant souper, jusqu'à ce que le jour eût commencé à poindre...

— M. le comte de Vermandois sera fort sensible à ce procédé! dit brusquement le chevalier. Mais, ajouta-t-il en lui fermant la porte au nez, pour mettre le comble à vos politesses, attendez que Son Altesse soit éveillée.

FIN DU QUATRIÈME VOLUME.

TABLE

Fin de la table du quatrième volume.

Fontainebleau, imprimerie de E. Jacquin.

HISTOIRE DE MA VIE

Par **George Sand**. — 20 vol. (complet).

UN GENTILHOMME DE GRAND CHEMIN

Par **Xavier de Montépin**. — 5 vol. (complet).

CAMILLE

Par **Roger de Beauvoir**. — 2 vol. (complet).

Le Corps franc des Rifles

Par **le capitaine Mayne-Reid**. — 4 vol. (complet).

LE DERNIER CHAPITRE

Par **la comtesse Dash**. — 4 vol. (complet)

L'ENSORCELÉE

Par **Jules Barbey d'Aurevilly**. — 2 vol. (complet).

LE CHATEAU DE NOIRAC

Par **G. de la Landelle**. — 2 vol. (complet.)

PÉRÉGRINE

Par **Léon Gozlan**. — 4 vol. (complet).

SOPHIE PRINTEMPS

Par **Alexandre Dumas fils**. — 2 vol. (complet).

LA SONORA

Par **Paul Duplessis**. — 4 vol. (complet).

Fontainebleau. — Imp. de E. Jacquin.